はじめに

英語学習に関して4技能という言葉が盛んに使われるようになった今日でも、最も多くの人が頭を悩ませているのはリスニング力の向上ではないでしょうか。

本書では、プロ通訳者の養成にも使われている5つのトレーニング法により、その悩みを一気に解決することを目指します。シャドーイングなどは知っているという学習者も少なくないでしょうが、もともとは通訳学校から広まったものです。通訳・翻訳研究を専門とする田中深雪教授(青山学院大学)による各トレーニング法の紹介は、一般学習者に向けた易しい解説になっており、だれもがそのポイントをつかめるはずです。

しかし本書の主眼は、トレーニング法を知ることではありません。トレーニング法を実践することこそが主眼です。そのために、世界最大のニュース専門テレビ局CNNの放送から、短い英語ニュース30本を収録しました。1本は、集中力を切らさずに聞き通せる、30秒ほどの長さになっています。

ダウンロード方式で提供する音声データには、CNNの放送そのものである「ナチュラル音声」のほか、ナレーターがゆっくり読み直した音声が「ポーズ(無音の間)入り」と「ポーズなし」で収められています。これら3パターンの音声を活用して5つのトレーニング法を実践すると、きっと世界標準のニュース英語がどんどん聞き取れるようになります。

また、本書のご購入者には電子書籍版(PDF)も無料で提供させていただきます。外出先での学習などに便利です。入手方法は巻末をご参照ください。

最後に、本書収録のコンテンツは月刊英語学習誌『CNN English Express』の記事・音声を再編集したものであることをお知らせしておきます。さらに、本書での学習と並行してオンラインテスト「CNN英語検定」を受けると、リスニング力向上の度合いが測れて有益であることを付言いたします。

2020年6月

『CNN English Express』編集部

CONTENTS

目次

Part 4 **Dictation**

Part 5 **Retention and Reproduction**

Part 4 ディクテーション

Part 5 リテンションとリプロダクション

音声再生アプリ「リスニング・トレーナー」

本書の音声データ（MP3形式）は、p.159に記載のURLから申請することによってご入手いただけます。その申請の前に、スマートフォンやタブレットをお持ちの方は、App StoreまたはGoogle Playから、無料の音声再生アプリ「リスニング・トレーナー」を端末にインストールしておいてください。また、パソコンをご利用の方は「audiobook.jp」の会員登録（無料）を行っておいてください。

<<< App Store **はこちら**

<<< Google Play **はこちら**

英語検定

CNN English Test

「本当の英語力」を測る、全く新しいオンラインテストが始まりました。この検定には以下の特長があります。

- 世界最大のニュース専門テレビ局CNNの英語放送を素材にした、オンラインテストです。
- 作られた英語ではなく、ナマの英語ニュースが素材という点で、画期的な試験です。
- コミュニケーションに必要な社会・文化知識に配慮したという点でも、従来にない試験です。

本書刊行時点ではプレテストの段階ですが、CNNニュースを使った「最強のリスニング学習法」を実践しつつ「CNN英語検定」を受けると、学習の成果が目に見えるかたちで測れます。詳しくは下記のサイトをご覧ください。

https://www.asahipress.com/special/eigo_kentei/

本書の構成と使い方

本書は5つの学習法と30本のニュースで構成されています。
各Partには、リスニング力アップに効果的な学習法の解説と、
それを実践するためのニュース（6本）が、
それぞれ2見開き（4ページ）に掲載されています。

学習法解説の見開き

学習法の効果や進め方などについて解説されています。

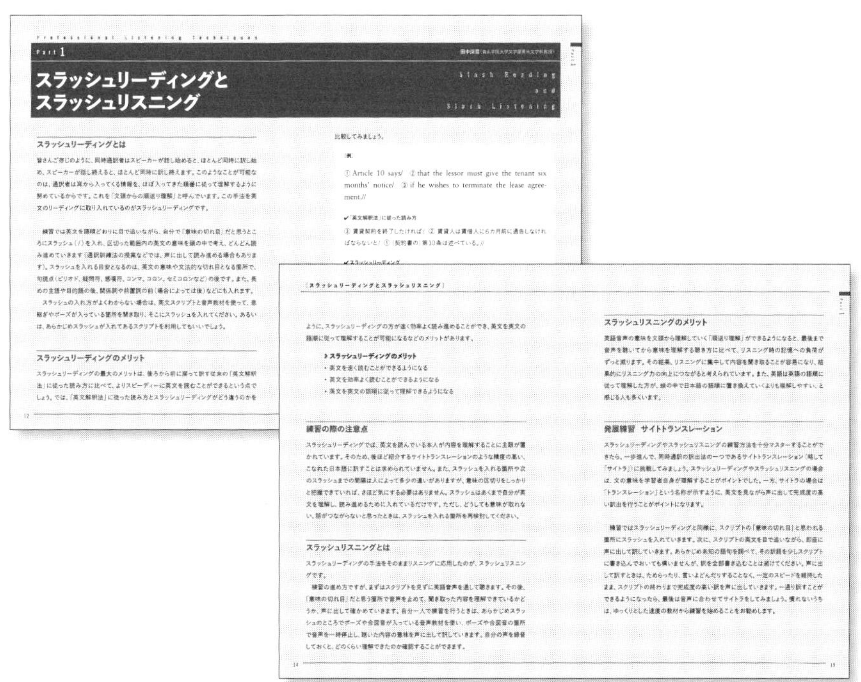

Professional Listening Techniques

Part 1

田中深雪（青山学院大学文学部英米文学科教授）

スラッシュリーディングと
スラッシュリスニング

Slash Reading
and
Slash Listening

スラッシュリーディングとは

皆さんご存じのように、同時通訳者はスピーカーが話し始めると、ほとんど同時に訳し始め、スピーカーが話し終えると、ほとんど同時に訳し終えます。このようなことが可能なのは、通訳者は耳から入ってくる情報を、ほぼ入ってきた順番に従って理解するように努めているからです。これを「文頭からの順送り理解」と呼んでいます。この手法を英文のリーディングに取り入れているのがスラッシュリーディングです。

練習では英文を語順どおりに目で追いながら、自分で「意味の切れ目」だと思うところにスラッシュ（/）を入れ、区切った範囲内の英文の意味を頭の中で考え、どんどん読み進めていきます（通訳訓練法の授業などでは、声に出して読み進める場合もあります）。スラッシュを入れる目安となるのは、英文の意味や文法的な切れ目となる箇所で、句読点（ピリオド、疑問符、感嘆符、コンマ、コロン、セミコロンなど）の後です。また、長めの主語や目的語の後、関係詞や前置詞の前（場合によっては後）などにも入れます。

スラッシュの入れ方がよくわからない場合は、英文スクリプトと音声教材を使って、息継ぎやポーズが入っている箇所を聞き取り、そこにスラッシュを入れてください。あるいは、あらかじめスラッシュが入れてあるスクリプトを利用してもいいでしょう。

スラッシュリーディングのメリット

スラッシュリーディングの最大のメリットは、後ろから前に戻って訳す従来の「英文解釈法」に従った読み方に比べて、よりスピーディーに英文を読むことができるという点でしょう。では、「英文解釈法」に従った読み方とスラッシュリーディングがどう違うのかを比較してみましょう。

［例］

① Article 10 says/ ② that the lessor must give the tenant six months' notice/ ③ if he wishes to terminate the lease agreement.//

✔「英文解釈法」に従った読み方

③ 賃貸契約を終了したければ/ ② 賃貸人は賃借人に6カ月前に通告しなければならないと/ ①（契約書の）第10条は述べている。//

✔スラッシュリーディング

12

［スラッシュリーディングとスラッシュリスニング］

ように、スラッシュリーディングの方が速く効率よく読み進めることができ、英文を英文の語順に従って理解することが可能になるなどのメリットがあります。

› スラッシュリーディングのメリット
- 英文を速く読むことができるようになる
- 英文を効率よく読むことができるようになる
- 英文を英文の語順に従って理解できるようになる

練習の際の注意点

スラッシュリーディングでは、英文を読んでいる本人が内容を理解することに主眼が置かれています。そのため、後ほど紹介するサイトトランスレーションのような精度の高い、こなれた日本語に訳すことは求められていません。また、スラッシュを入れる箇所や次のスラッシュまでの間隔は人によって多少の違いがありますが、意味の区切りをしっかりと把握できていれば、さほど気にする必要はありません。スラッシュはあくまで自分が英文を理解し、読み進めるために入れているだけです。ただし、どうしても意味が取れない、話がつながらないと思ったときは、スラッシュを入れる箇所を再検討してください。

スラッシュリスニングとは

スラッシュリーディングの手法をそのままリスニングに応用したのが、スラッシュリスニングです。

練習の進め方ですが、まずはスクリプトを見ずに英語音声を通して聴きます。その後、「意味の切れ目」だと思う箇所で音声を止めて、聞き取った内容を理解できているかどうか、声に出して確かめていきます。自分一人で練習を行うときは、あらかじめスラッシュのところでポーズや合図音が入っている音声教材を使い、ポーズや合図音の箇所で音声を一時停止し、聴いた内容の意味を声に出して訳していきます。自分の声を録音しておくと、どのくらい理解できたのか確認することができます。

スラッシュリスニングのメリット

英語音声の意味を文頭から理解していく「順送り理解」ができるようになると、最後まで音声を聴いてから意味を理解する聴き方に比べて、リスニング時の記憶への負荷がずっと減ります。その結果、リスニングに集中して内容を聞き取ることが容易になり、結果的にリスニング力の向上につながると考えられています。また、英語は英語の語順に従って理解した方が、頭の中で日本語の語順に置き換えていくよりも理解しやすい、と感じる人も多くいます。

発展練習　サイトトランスレーション

スラッシュリーディングやスラッシュリスニングの練習方法を十分マスターすることができたら、一歩進んで、同時通訳の訳出法の一つであるサイトトランスレーション（略して「サイトラ」）に挑戦してみましょう。スラッシュリーディングやスラッシュリスニングの場合は、文の意味を学習者自身が理解することがポイントでした。一方、サイトラの場合は「トランスレーション」という名称が示すように、英文を見ながら声に出して完成度の高い訳出を行うことがポイントになります。

練習ではスラッシュリーディングと同様に、スクリプトの「意味の切れ目」と思われる箇所にスラッシュを入れていきます。次に、スクリプトの英文を目で追いながら、即座に声に出して訳していきます。あらかじめ未知の語句を調べて、その訳語を少しスクリプトに書き込んでおいても構いませんが、訳を全部書き込むことは避けてください。声に出して訳すときは、ためらったり、言いよどんだりすることなく、一定のスピードを維持したまま、スクリプトの終わりまで完成度の高い訳を声に出していきます。一通り訳すことができるようになったら、最後は音声に合わせてサイトラをしてみましょう。慣れないうちは、ゆっくりとした速度の教材から練習を始めることをお勧めします。

14

15

ニュースの最初の見開き

❶ 音声データの番号

2種類の音声が用意されています。「ナチュラル音声」はCNNの放送そのままの音声、「ゆっくり音声（ポーズなし）」は学習用にプロのナレーター（アメリカ英語）が読み直したものです。News 30まで学習を終えた後の復習用に、すべてのニュースのナチュラル音声だけを再度集めて「ナチュラル音声（2回目）」としています。

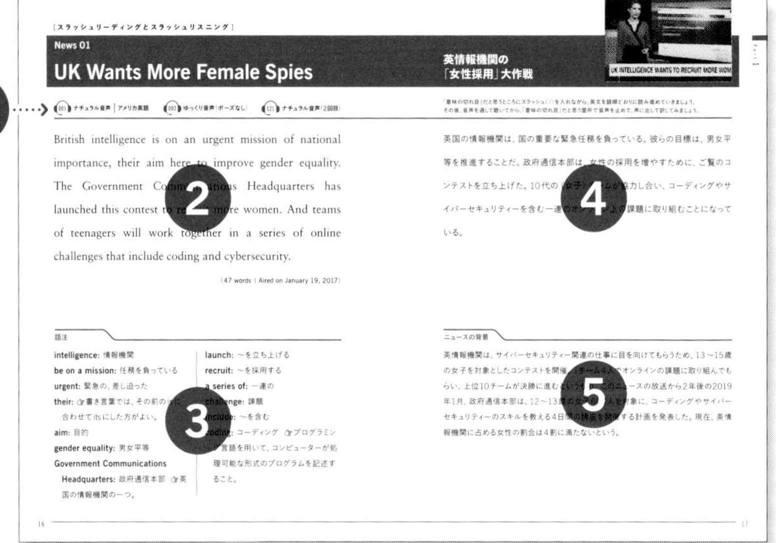

［スラッシュリーディングとスラッシュリスニング］

News 01

UK Wants More Female Spies

英情報機関の「女性採用」大作戦

1 001 ナチュラル音声｜アメリカ英語　002 ゆっくり音声（ポーズなし）　121 ナチュラル音声（2回目）

「意味の切れ目」だと思うところにスラッシュ（/）を入れながら、英文を語順どおりに読み進めていきましょう。その後、音声を通して聴いてから、「意味の切れ目」だと思う箇所で音声を止めて、声に出して訳してみましょう。

2 British intelligence is on an urgent mission of national importance, their aim here to improve gender equality. The Government Comm[illegible]ations Headquarters has launched this contest to re[illegible] more women. And teams of teenagers will work together in a series of online challenges that include coding and cybersecurity.

（47 words｜Aired on January 19, 2017）

4 英国の情報機関は、国の重要な緊急任務を負っている。彼らの目標は、男女平等を推進することだ。政府通信本部は、女性の採用を増やすために、ご覧のコンテストを立ち上げた。10代の[illegible]が協力し合い、コーディングやサイバーセキュリティーを含む一連の[illegible]上の課題に取り組むことになっている。

語注

3 intelligence: 情報機関
be on a mission: 任務を負っている
urgent: 緊急の、差し迫った
their: ☞書き言葉では、その前の[illegible]合わせてitsにした方がよい。
aim: 目的
gender equality: 男女平等
Government Communications Headquarters: 政府通信本部 ☞英国の情報機関の一つ。
launch: ～を立ち上げる
recruit: ～を採用する
a series of: 一連の
challenge: 課題
include: ～を含む
coding: コーディング ☞プログラミン[illegible]言語を用いて、コンピューターが処理可能な形式のプログラムを記述すること。

ニュースの背景

5 英情報機関は、サイバーセキュリティー関連の仕事に目を向けてもらうため、13～15歳の女子を対象としたコンテストを開催[illegible]オンラインの課題に取り組んでもらい、上位10チームが決勝に進む[illegible]ースの放送から2年後の2019年1月、政府通信本部は、12～13[illegible]対象に、コーディングやサイバーセキュリティーのスキルを教える4日[illegible]する計画を発表した。現在、英情報機関に占める女性の割合は4割に満たないという。

16　17

❷ ニュースのトランスクリプト

CNNニュースのトランスクリプト（音声を文字化したもの）。

❸ 語注

英文タイトルやニュース中の単語・イディオムの意味を示しています。

❹ ニュースの日本語訳

トランスクリプトに対応した日本語訳です。

❺ ニュースの背景

ニュースの背景やその後の関連事項など、ニュースの理解に役立つ情報を掲載しています。

ニュースの後の見開き

❻❽ 音声データの番号

「ゆっくり音声（ポーズ入り）」および「英語の音声変化に慣れよう」の音声データの番号です。

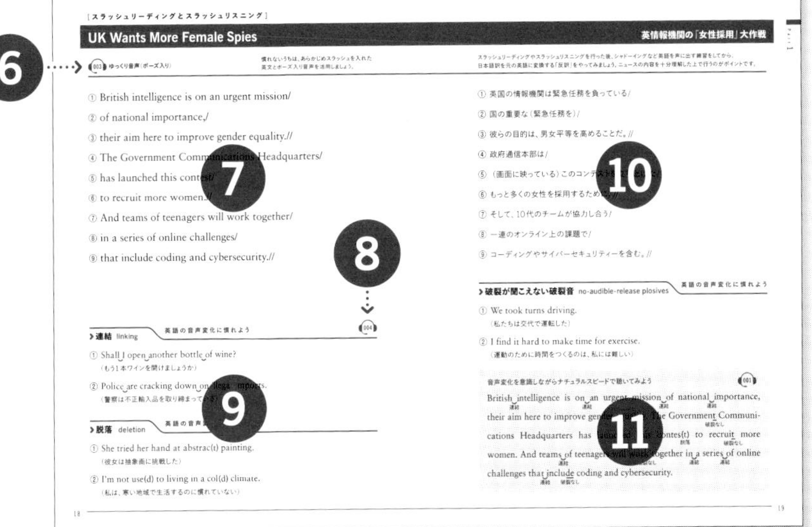

❼ ニュースのトランスクリプト

意味の切れ目でスラッシュを入れています。「ゆっくり音声（ポーズ入り）」では、スラッシュのところでポーズが挿入されています。

❾ 英語の音声変化

音声変化の例を示しています。音声データはプロのナレーター（アメリカ英語）が読み上げたものです。

❿ ニュースの日本語訳

スラッシュで区切られたトランスクリプトに対応した日本語訳です。元の英語に変換する「反訳」をすると、発信力が鍛えられます。

⓫ 「ナチュラル音声」の音声変化

ニュースの「ナチュラル音声」の音声変化を示しています。連結や脱落などを意識して聴いてみましょう。

英語の音声変化

**ナチュラルスピードの英語を聞き取れるようになるには、
音声変化の現象を知っておくことも必要です。
本書では、「連結」「脱落」(または「同化」)「破裂が聞こえない破裂音」の例と、
各ニュースの「ナチュラル音声」の音声変化を示しています。**

❯連結 linking

「連結」は、前の単語の語尾の子音と、次の単語の語頭の母音または子音がつながって、一つのまとまった音として発音される現象です。この現象は、ナチュラルスピードだけでなく、ゆっくり話される英語でも起こります。

[例]

I don't think it's such a good idea.

(それは、そんなに良い考えだとは思わない)

❯同化 assimilation

連続した音をスムーズに発音しようとして、前の音または後ろの音の一方、あるいは二つの音が一つに混じり合って、別の音に変化する現象を「同化」と言います。たとえば、[t] や [d] の音のあとに [j] 音が続くと、[tʃ] や [dʒ] の音に変化することがあります。

[例]

When do you start your new job?

(新しい仕事はいつからなの?)

脱落 deletion

子音が連続すると発音しにくいため、二つの子音に挟まれた[t]や[d]の音は、脱落することがあります。また、同じ音の子音や似たような音の子音が連続する場合にも、脱落が起こることがあります。

［例］

Turn left at the nex(t) corner.

（次の角で左に曲がってください）

破裂が聞こえない破裂音 no-audible-release plosives

破裂音（[p] [t] [k] [b] [d] [g]）は、すぐ後ろに別の子音（特に破裂音・鼻音）が続く場合、破裂が聞こえないことがあります。

また、[t]の音は、すぐ前に母音（または[l] [r] [n]）があり、すぐ後ろに別の子音が続く場合、口の中で[t]の音を発音する構えさえつくらないことがあり、代わりに、息を止めたような間（ま）が聞こえます（これは、[t]の音の後ろに何も続かない場合や、母音が続く場合でも起こることがあります）。

※各ニュースの音声変化を示す欄では、「破裂なし」としています。

［例］

I'm not very good with electronic gadgets.

（私は電子機器をあまりうまく使いこなせない）

イラスト：gst / Shutterstock.com

Part 1

スラッシュリーディングとスラッシュリスニング

スラッシュリーディングとは

皆さんご存じのように、同時通訳者はスピーカーが話し始めると、ほとんど同時に訳し始め、スピーカーが話し終えると、ほとんど同時に訳し終えます。このようなことが可能なのは、通訳者は耳から入ってくる情報を、ほぼ入ってきた順番に従って理解するように努めているからです。これを「文頭からの順送り理解」と呼んでいます。この手法を英文のリーディングに取り入れているのがスラッシュリーディングです。

練習では英文を語順どおりに目で追いながら、自分で「意味の切れ目」だと思うところにスラッシュ(/)を入れ、区切った範囲内の英文の意味を頭の中で考え、どんどん読み進めていきます(通訳訓練法の授業などでは、声に出して読み進める場合もあります)。スラッシュを入れる目安となるのは、英文の意味や文法的な切れ目となる箇所で、句読点(ピリオド、疑問符、感嘆符、コンマ、コロン、セミコロンなど)の後です。また、長めの主語や目的語の後、関係詞や前置詞の前(場合によっては後)などにも入れます。

スラッシュの入れ方がよくわからない場合は、英文スクリプトと音声教材を使って、息継ぎやポーズが入っている箇所を聞き取り、そこにスラッシュを入れてください。あるいは、あらかじめスラッシュが入れてあるスクリプトを利用してもいいでしょう。

スラッシュリーディングのメリット

スラッシュリーディングの最大のメリットは、後ろから前に戻って訳す従来の「英文解釈法」に従った読み方に比べて、よりスピーディーに英文を読むことができるという点でしょう。では、「英文解釈法」に従った読み方とスラッシュリーディングがどう違うのかを比較してみましょう。

［例］

① Article 10 says/ ② that the lessor must give the tenant six months' notice/ ③ if he wishes to terminate the lease agreement.//

✔「英文解釈法」に従った読み方

③ 賃貸契約を終了したければ/ ② 賃貸人は賃借人に6カ月前に通告しなければならないと/ ①（契約書の）第10条は述べている。//

✔スラッシュリーディング

① 第10条によると/ ② 賃貸人は賃借人に6カ月前に通告しなければならない/ ③ 賃貸契約を終了したければ。//

ここに挙げた例が示すように、「英文解釈法」に従った読み方では、いったん①→②→③と英文の最後まで目を通し、その後、日本語の語順に従う形で③→②→①の順で訳していきます。英文の語順が日本語と異なるため、先に進めた視線を前に戻して読み直す（返り読みする）必要が生じ、結果的にリーディングの時間が余分にかかってしまいます。

一方、スラッシュリーディングでは、文頭から①→②→③と、英語の語順どおりに理解しながら読み進めていくので、改めて返り読みする必要はありません。和文として多少ぎこちなさがある点は否めませんが、文の意味は十分に理解することができます。このように、スラッシュリーディングの方が速く効率よく読み進めることができ、英文を英文の語順に従って理解することが可能になるなどのメリットがあります。

› スラッシュリーディングのメリット

- 英文を速く読むことができるようになる
- 英文を効率よく読むことができるようになる
- 英文を英文の語順に従って理解できるようになる

練習の際の注意点

スラッシュリーディングでは、英文を読んでいる本人が内容を理解することに主眼が置かれています。そのため、後ほど紹介するサイトトランスレーションのような精度の高い、こなれた日本語に訳すことは求められていません。また、スラッシュを入れる箇所や次のスラッシュまでの間隔は人によって多少の違いがありますが、意味の区切りをしっかりと把握できていれば、さほど気にする必要はありません。スラッシュはあくまで自分が英文を理解し、読み進めるために入れているだけです。ただし、どうしても意味が取れない、話がつながらないと思ったときは、スラッシュを入れる箇所を再検討してください。

スラッシュリスニングとは

スラッシュリーディングの手法をそのままリスニングに応用したのが、スラッシュリスニングです。

　練習の進め方ですが、まずはスクリプトを見ずに英語音声を通して聴きます。その後、「意味の切れ目」だと思う箇所で音声を止めて、聞き取った内容を理解できているかどうか、声に出して確かめていきます。自分一人で練習を行うときは、あらかじめスラッシュのところでポーズや合図音が入っている音声教材を使い、ポーズや合図音の箇所で音声を一時停止し、聴いた内容の意味を声に出して訳していきます。自分の声を録音しておくと、どのくらい理解できたのか確認することができます。

スラッシュリスニングのメリット

英語音声の意味を文頭から理解していく「順送り理解」ができるようになると、最後まで音声を聴いてから意味を理解する聴き方に比べて、リスニング時の記憶への負荷がずっと減ります。その結果、リスニングに集中して内容を聞き取ることが容易になり、結果的にリスニング力の向上につながると考えられています。また、英語は英語の語順に従って理解した方が、頭の中で日本語の語順に置き換えていくよりも理解しやすい、と感じる人も多くいます。

発展練習　サイトトランスレーション

スラッシュリーディングやスラッシュリスニングの練習方法を十分マスターすることができたら、一歩進んで、同時通訳の訳出法の一つであるサイトトランスレーション（略して「サイトラ」）に挑戦してみましょう。スラッシュリーディングやスラッシュリスニングの場合は、文の意味を学習者自身が理解することがポイントでした。一方、サイトラの場合は「トランスレーション」という名称が示すように、英文を見ながら声に出して完成度の高い訳出を行うことがポイントになります。

練習ではスラッシュリーディングと同様に、スクリプトの「意味の切れ目」と思われる箇所にスラッシュを入れていきます。次に、スクリプトの英文を目で追いながら、即座に声に出して訳していきます。あらかじめ未知の語句を調べて、その訳語を少しスクリプトに書き込んでおいても構いませんが、訳を全部書き込むことは避けてください。声に出して訳すときは、ためらったり、言いよどんだりすることなく、一定のスピードを維持したまま、スクリプトの終わりまで完成度の高い訳を声に出していきます。一通り訳すことができるようになったら、最後は音声に合わせてサイトラをしてみましょう。慣れないうちは、ゆっくりとした速度の教材から練習を始めることをお勧めします。

News 01

UK Wants More Female Spies

001 ナチュラル音声 | アメリカ英語　002 ゆっくり音声(ポーズなし)　 121 ナチュラル音声(2回目)

British intelligence is on an urgent mission of national importance, their aim here to improve gender equality. The Government Communications Headquarters has launched this contest to recruit more women. And teams of teenagers will work together in a series of online challenges that include coding and cybersecurity.

(47 words | Aired on January 19, 2017)

語注

intelligence: 情報機関
be on a mission: 任務を負っている
urgent: 緊急の、差し迫った
their: ☞書き言葉では、その前のisに合わせてitsにした方がよい。
aim: 目的
gender equality: 男女平等
Government Communications Headquarters: 政府通信本部 ☞英国の情報機関の一つ。
launch: ～を立ち上げる
recruit: ～を採用する
a series of: 一連の
challenge: 課題
include: ～を含む
coding: コーディング ☞プログラミング言語を用いて、コンピューターが処理可能な形式のプログラムを記述すること。

英情報機関の「女性採用」大作戦

「意味の切れ目」だと思うところにスラッシュ（/）を入れながら、英文を語順どおりに読み進めていきましょう。
その後、音声を通して聴いてから、「意味の切れ目」だと思う箇所で音声を止めて、声に出して訳してみましょう。

英国の情報機関は、国の重要な緊急任務を負っている。彼らの目標は、男女平等を推進することだ。政府通信本部は、女性の採用を増やすために、ご覧のコンテストを立ち上げた。10代の（女子）チームが協力し合い、コーディングやサイバーセキュリティーを含む一連のオンライン上の課題に取り組むことになっている。

ニュースの背景

英情報機関は、サイバーセキュリティー関連の仕事に目を向けてもらうため、13～15歳の女子を対象としたコンテストを開催。1チーム4人でオンラインの課題に取り組んでもらい、上位10チームが決勝に進むというもの。このニュースの放送から2年後の2019年1月、政府通信本部は、12～13歳の女子600人を対象に、コーディングやサイバーセキュリティーのスキルを教える4日間の講座を開催する計画を発表した。現在、英情報機関に占める女性の割合は4割に満たないという。

UK Wants More Female Spies

003 ゆっくり音声（ポーズ入り）

慣れないうちは、あらかじめスラッシュを入れた英文とポーズ入り音声を活用しましょう。

① British intelligence is on an urgent mission/

② of national importance,/

③ their aim here to improve gender equality.//

④ The Government Communications Headquarters/

⑤ has launched this contest/

⑥ to recruit more women.//

⑦ And teams of teenagers will work together/

⑧ in a series of online challenges/

⑨ that include coding and cybersecurity.//

›連結 linking

英語の音声変化に慣れよう

① Shall I open another bottle of wine?
（もう1本ワインを開けましょうか）

② Police are cracking down on illegal imports.
（警察は不正輸入品を取り締まっている）

›脱落 deletion

英語の音声変化に慣れよう

① She tried her hand at abstrac(t) painting.
（彼女は抽象画に挑戦した）

② I'm not use(d) to living in a col(d) climate.
（私は、寒い地域で生活するのに慣れていない）

英情報機関の「女性採用」大作戦

スラッシュリーディングやスラッシュリスニングを行った後、シャドーイングなど英語を声に出す練習をしてから、日本語訳を元の英語に変換する「反訳」をやってみましょう。ニュースの内容を十分理解した上で行うのがポイントです。

① 英国の情報機関は緊急任務を負っている/

② 国の重要な（緊急任務を）/

③ 彼らの目的は、男女平等を高めることだ。//

④ 政府通信本部は/

⑤ （画面に映っている）このコンテストを立ち上げた/

⑥ もっと多くの女性を採用するために。//

⑦ そして、10代のチームが協力し合う/

⑧ 一連のオンライン上の課題で/

⑨ コーディングやサイバーセキュリティーを含む。//

›破裂が聞こえない破裂音 no-audible-release plosives

英語の音声変化に慣れよう

① We took turns driving.
（私たちは交代で運転した）

② I find it hard to make time for exercise.
（運動のために時間をつくるのは、私には難しい）

音声変化を意識しながらナチュラルスピードで聴いてみよう

British‿intelligence (連結) is on‿an (連結) urgent (破裂なし) mission‿of (連結) national‿importance (連結), their aim here to improve gender equality. The Government (破裂なし) Communications Headquarters has launched this contes(t) (脱落) to recruit (破裂なし) more women. And teams‿of (連結) teenagers will work (破裂なし) together in‿a (連結) series‿of (連結) online challenges that‿include (連結) (破裂なし) coding and cybersecurity.

News 02

Prince Harry Opens Up

005 ナチュラル音声｜アメリカ英語　006 ゆっくり音声（ポーズなし）　122 ナチュラル音声（2回目）

We're also getting an unusual bit of insight into the mindset of the younger generation of British royals from an exclusive interview with Prince Harry in *Newsweek* magazine. He opened up about the death of his mother, Princess Diana, and he said he doesn't think any of the royals really want to be king or queen.

（56 words | Aired on June 23, 2017）

語注

open up: 率直に打ち明ける

get an insight into: ～を理解する機会を得る

a bit of: 少しの、わずかな

unusual: 珍しい、まれな

mindset: 考え方、物の見方

generation: 世代

royal: 王族の人

exclusive: 独占的な

ハリー王子が吐露した新世代の考え方

「意味の切れ目」だと思うところにスラッシュ（/）を入れながら、英文を語順どおりに読み進めていきましょう。
その後、音声を通して聴いてから、「意味の切れ目」だと思う箇所で音声を止めて、声に出して訳してみましょう。

また、異例のことだが、ニューズウィーク誌でのハリー王子の独占インタビューから、英国王室の若い世代の考え方を垣間見ることができる。彼は、母であるダイアナ元妃の死について自分の思いを率直に打ち明け、また、王室の誰も国王や女王にあまりなりたがらないと思う、と語った。

ニュースの背景

ハリー王子はインタビューで、「英王室の中に国王や女王になりたい人がいるだろうか。僕はいるとは思わない。それでも適宜、自分たちの責務を果たしていく」と、自身の心情を率直に明かした。また、ダイアナ元妃がやり遂げられなかった仕事を進めていきたい、と語った。2020年3月末に、メーガン妃とともに英王室を事実上離脱したハリー王子の心中には、この頃からその意思が芽生えていたのかもしれない。

Prince Harry Opens Up

007 ゆっくり音声(ポーズ入り)

慣れないうちは、あらかじめスラッシュを入れた英文とポーズ入り音声を活用しましょう。

① We're also getting an unusual bit of insight/

② into the mindset of the younger generation of British royals/

③ from an exclusive interview with Prince Harry/

④ in *Newsweek* magazine.//

⑤ He opened up about the death of his mother, Princess Diana,/

⑥ and he said/

⑦ he doesn't think any of the royals really want to be king or queen.//

›連結 linking

英語の音声変化に慣れよう

008

① Please send‿it to my home‿address.
(それを私の自宅宛てに送ってください)

② He turned‿up his nose‿at the offer.
(彼はその申し出を鼻であしらった)

›脱落 deletion

英語の音声変化に慣れよう

① The win(d) kep(t) blowing papers off my desk.
(風で書類が机から何度も飛ばされた)

② It has a rather blan(d) taste.
(それは、かなりあっさりした味だ)

ハリー王子が吐露した新世代の考え方

スラッシュリーディングやスラッシュリスニングを行った後、シャドーイングなど英語を声に出す練習をしてから、
日本語訳を元の英語に変換する「反訳」をやってみましょう。ニュースの内容を十分理解した上で行うのがポイントです。

① 私たちはまた、垣間見る異例の機会を得ている/

② 英国王室の若い世代の考え方を/

③ ハリー王子の独占インタビューから/

④ ニューズウィーク誌における。//

⑤ 彼は、母であるダイアナ元妃の死について自分の思いを率直に打ち明けた/

⑥ そして語った/

⑦ 王室の誰も国王や女王にあまりなりたがらないと思うと。//

英語の音声変化に慣れよう

破裂が聞こえない破裂音 no-audible-release plosives

① This road leads right to the airport.
（この道路は空港に直結している）

② Stop being so stubborn.
（そんなに強情を張るのはやめなさい）

音声変化を意識しながらナチュラルスピードで聴いてみよう 

We're also getting an unusual bit_of (連結) insight into the min(d)set_of (脱落・連結) the younger generation of British royals from_an_exclusive (連結・連結) interview with Prince Harry in *Newsweek* magazine. He opened_up_about (連結・連結) the (about: 破裂なし) death_of_his* (連結・連結) mother, Princess Diana, and he said_he** (連結) doesn't think (doesn't: 破裂なし) any of the royals really want to be king or queen. (want: 破裂なし)

＊his の [h] が発音されていないため、of の [v] と his の [i] が連結している。
＊＊he の [h] が発音されていないため、said の [d] と he の [i:] が連結している。

News 03

Death of Iconic Runner

009 ナチュラル音声｜アメリカ英語　010 ゆっくり音声（ポーズなし）　123 ナチュラル音声（2回目）

Well, the first runner to break the 4-minute-mile barrier has died. Sir Roger Bannister passed away Saturday in Oxford, England. He was 88 years old. In 1954, Bannister ran a mile in 3 minutes and 59.4 seconds. The record lasted for 46 days, but his legacy has stood the test of time.

（52 words｜Aired on March 5, 2018）

語注

iconic: 象徴的な、伝説的な
break a barrier: 壁を打ち破る、壁を突破する
Sir: 《英国の勲爵士（ナイト）と準男爵の姓名または名前の前に置き》～卿
pass away: 亡くなる
last: 続く、継続する
legacy: 遺産
stand the test of time: 時の試練に耐える

「1マイル4分の壁」を破った英国人が永眠

「意味の切れ目」だと思うところにスラッシュ（/）を入れながら、英文を語順どおりに読み進めていきましょう。
その後、音声を通して聴いてから、「意味の切れ目」だと思う箇所で音声を止めて、声に出して訳してみましょう。

さて、「1マイル（約1600メートル）4分の壁」を史上初めて打ち破ったランナーが死去した。ロジャー・バニスター卿が土曜日、イングランドのオックスフォードで亡くなったのだ。88歳だった。1954年、バニスター氏は1マイルを3分59秒4で走った。その記録が続いたのは46日間だったが、彼の偉業は時を経た今も変わらない。

ニュースの背景

ロジャー・バニスター卿が「1マイル4分の壁」を打ち破った1954年当時、人類が4分を切るのは不可能と考えられていた。だが、いったん壁が破られると、その1年後までに23人が4分切りを果たした。バニスター氏は、2000年にライフ誌が選出した「この1000年で最も重要な功績を残した世界の人物100人」に、陸上選手でただ1人選ばれた。

Death of Iconic Runner

慣れないうちは、あらかじめスラッシュを入れた英文とポーズ入り音声を活用しましょう。

① Well, the first runner to break the 4-minute-mile barrier has died.//

② Sir Roger Bannister passed away Saturday/

③ in Oxford, England.//

④ He was 88 years old.//

⑤ In 1954,/

⑥ Bannister ran a mile/

⑦ in 3 minutes and 59.4 seconds.//

⑧ The record lasted for 46 days,/

⑨ but his legacy has stood the test of time./

連結 linking

英語の音声変化に慣れよう

① He gets angry over even the most trivial matters.
（彼は、ほんのささいな事柄にさえ腹を立てる）

② That was my first experience of the world of the tea ceremony.
（それが茶道の世界の初体験だった）

脱落 deletion

英語の音声変化に慣れよう

① Do you have any ointment for insec(t) bites?
（虫刺され用の軟こうはありますか）

② The head of HR explain(ed) the new work rules.
（人事部長が新しい就業規則を説明した）

「1マイル4分の壁」を破った英国人が永眠

スラッシュリーディングやスラッシュリスニングを行った後、シャドーイングなど英語を声に出す練習をしてから、日本語訳を元の英語に変換する「反訳」をやってみましょう。ニュースの内容を十分理解した上で行うのがポイントです。

① さて、「1マイル4分の壁」を打ち破った初のランナーが死去した。//

② ロジャー・バニスター卿が土曜日に亡くなったのだ/

③ イングランドのオックスフォードで。//

④ 彼は88歳だった。//

⑤ 1954年/

⑥ バニスター氏は1マイルを走った/

⑦ 3分59秒4で。//

⑧ その記録が続いたのは46日間だった/

⑨ だが、彼の偉業は時を経た今も変わらない。//

英語の音声変化に慣れよう

› 破裂が聞こえない破裂音 no-audible-release plosives

① It took them all morning to load the truck.
（彼らがトラックに荷物を積むのに午前中いっぱいかかった）

② They said they'd be back before five.
（彼らは5時前に戻ってくると言った）

音声変化を意識しながらナチュラルスピードで聴いてみよう

Well, the first runner to break[破裂なし] the 4-minute[破裂なし]-mile barrier has died. Sir Roger Bannister passed away[連結] Saturday in Oxford, England. He was 88 [eighty-eight[破裂なし]] years old. In 1954, Bannister ran a[連結] mile in 3 minutes and[連結] 59.4 [fifty-nine point[破裂なし] four] seconds. The record[破裂なし] lasted for 46 days, but his legacy has stood[破裂なし] the test of time.

News 04

FIFA Seeks Reimbursement

013 ナチュラル音声｜イギリス英語　014 ゆっくり音声（ポーズなし）　124 ナチュラル音声（2回目）

FIFA is seeking to claim tens of millions of dollars from those indicted in a US corruption investigation. World football's governing body wants a share of the money the US government is set to collect from the suspects in the case. Meantime, FIFA says the funds were pocketed illegally in a kickback scheme involving former executives.

（56 words｜Aired on March 17, 2016）

語注

reimbursement: 返済
seek to do: ～しようとする
claim A from B: BにA（金額）の損害賠償を請求する
（**be**）**indicted:** 起訴される
corruption: 汚職、腐敗
investigation: 捜査
football: 《英》サッカー
governing body: 運営組織
a share of: ～の分け前
be set to do: ～することになっている
collect A from B: AをBから徴収する
suspect: 容疑者
pocket: ～を着服する
illegally: 不法に、不正に
kickback: リベート
scheme: 構造
involve: ～が関わる、関与する

FIFA、汚職の元幹部らへ損害賠償請求

「意味の切れ目」だと思うところにスラッシュ（/）を入れながら、英文を語順どおりに読み進めていきましょう。
その後、音声を通して聴いてから、「意味の切れ目」だと思う箇所で音声を止めて、声に出して訳してみましょう。

FIFA（国際サッカー連盟）は、米国による汚職捜査で起訴された人々に、数千万ドルの損害賠償を請求しようとしている。サッカーの国際的な運営組織であるFIFAは、米政府がこの件の容疑者から徴収することになっている資金の一部を得たいと考えている。一方、FIFAによれば、資金は元幹部らが関与したリベート構造において不正に着服されたということだ。

ニュースの背景

2015年5月、米司法省は、国際サッカー連盟（FIFA）の汚職事件で、副会長ら9人とスポーツ関連会社幹部ら5人の計14人を贈収賄などの罪で起訴した。同年12月にも、新たに16人を収賄などの罪で起訴した。2016年3月、FIFAは起訴された元幹部らや団体を相手に、数千万ドルの損害賠償を求める訴訟を起こした。2017年12月、起訴された元ペルーサッカー連盟会長は無罪となった。

FIFA Seeks Reimbursement

ゆっくり音声（ポーズ入り）

慣れないうちは、あらかじめスラッシュを入れた英文とポーズ入り音声を活用しましょう。

① FIFA is seeking to claim tens of millions of dollars/

② from those indicted in a US corruption investigation.//

③ World football's governing body wants a share/

④ of the money the US government is set to collect/

⑤ from the suspects in the case.//

⑥ Meantime, FIFA says the funds were pocketed illegally/

⑦ in a kickback scheme/

⑧ involving former executives.//

連結 linking

英語の音声変化に慣れよう

① This river flows into the Gulf of Mexico.
（この川はメキシコ湾に流れ込んでいる）

② He's grown about 7 centimeters since last April.
（彼は昨年4月から約7センチ背が伸びた）

脱落 deletion

英語の音声変化に慣れよう

① It is predicted that millions will contrac(t) Zika fever.
（数百万人がジカ熱にかかると予想されている）

② Did you lan(d) that job you were going for?
（応募していた例の仕事に就けた？）

FIFA、汚職の元幹部らへ損害賠償請求

スラッシュリーディングやスラッシュリスニングを行った後、シャドーイングなど英語を声に出す練習をしてから、日本語訳を元の英語に変換する「反訳」をやってみましょう。ニュースの内容を十分理解した上で行うのがポイントです。

① FIFAは、数千万ドルの損害賠償を請求しようとしている/

② 米国による汚職捜査で起訴された人々に対して。//

③ サッカーの国際的な運営組織は一部を得たいと考えている/

④ 米政府が徴収することになっている資金の（一部を）/

⑤ この件の容疑者から。//

⑥ 一方、FIFAによれば、資金は不正に着服されたという/

⑦ リベート構造において/

⑧ 元幹部らが関与した。//

英語の音声変化に慣れよう

破裂が聞こえない破裂音 no-audible-release plosives

① Now is not the right time to invest in that market.
（今はあの市場に投資するのに適切な時期ではない）

② He was the black sheep of our family.
（彼はわが家の厄介者だった）

音声変化を意識しながらナチュラルスピードで聴いてみよう 013

FIFA is seeking to claim tens of (連結) millions of (連結) dollars from those indicted (連結) in a (連結) US corruption investigation (連結). World football's (破裂なし) governing body wants a share of the money the US government (破裂なし) is set (破裂なし) to collect from the suspects in the case. Meantime, FIFA says the funds were pocketed illegally in a (連結) kickback (破裂なし) scheme involving former executives.

News 05

Gold Medal Given Up for Aid

017 ナチュラル音声 | オーストラリア英語  ゆっくり音声（ポーズなし）  ナチュラル音声（2回目）

Well, one Olympic gold medalist is looking to help victims of Sunday's earthquake. That's the Iranian weightlifting champion Kianoush Rostami, who put his medal from the Rio Games up for auction. He plans to use the money to aid quake survivors. Rostami is quoted as saying he considers it his duty to help his fellow countrymen.

（56 words | Aired on November 15, 2017）

語注

give up A for B: BのためにAを手放す
aid: ①援助、支援 ②～を援助する、支援する
look to do: ～しようとする
victim: 被害者、犠牲者
put...up for auction: …を競売にかける
survivor: 生存者、生き延びた人
be quoted as saying (that): ～と述べたと伝えられている
consider it...to do: ～することは…と考える
duty: 義務
fellow countryman: 同胞

五輪の金メダルを売って地震被災者を支援

「意味の切れ目」だと思うところにスラッシュ（/）を入れながら、英文を語順どおりに読み進めていきましょう。
その後、音声を通して聴いてから、「意味の切れ目」だと思う箇所で音声を止めて、声に出して訳してみましょう。

さて、ある五輪金メダリストが、日曜日の地震の被災者を助けようとしている。その人物とは、イラン人の重量挙げ金メダリスト、キアヌーシュ・ロスタミ選手で、リオ五輪で獲得したメダルを競売にかけた。彼は競売で得たお金を地震の被災者の支援に充てることにしている。ロスタミ選手は「同胞を助けることは自分の義務だと考えている」と述べた、と伝えられている。

ニュースの背景

2017年11月、イラン・イラク国境地帯でM7.3の大地震が発生。死者450人以上、負傷者は7000人以上に上った。リオ五輪の重量挙げ85キロ級で金メダルを獲得したロスタミ選手は、被災地の出身。地震による被害の大きさに胸を痛め、被災者支援のため金メダルを競売にかけた。

Gold Medal Given Up for Aid

019 ゆっくり音声（ポーズ入り）

慣れないうちは、あらかじめスラッシュを入れた英文とポーズ入り音声を活用しましょう。

① Well, one Olympic gold medalist/

② is looking to help victims of Sunday's earthquake.//

③ That's the Iranian weightlifting champion Kianoush Rost-ami,/

④ who put his medal from the Rio Games up for auction.//

⑤ He plans to use the money to aid quake survivors.//

⑥ Rostami is quoted as saying/

⑦ he considers it his duty to help his fellow countrymen.//

›連結 linking

英語の音声変化に慣れよう

① It's‿important to make‿a good first‿impression.
（第一印象を良くすることは大切だ）

② The government actively promotes‿urban‿agriculture.
（政府は積極的に都市農業を奨励している）

›脱落 deletion

英語の音声変化に慣れよう

① I cough(ed) to get his attention.
（私は彼の注意を引くために咳払いをした）

② It seem(ed) to be the bes(t) solution at the time.
（それは、その時点で最良の解決策に思えた）

五輪の金メダルを売って地震被災者を支援

スラッシュリーディングやスラッシュリスニングを行った後、シャドーイングなど英語を声に出す練習をしてから、日本語訳を元の英語に変換する「反訳」をやってみましょう。ニュースの内容を十分理解した上で行うのがポイントです。

① さて、ある五輪金メダリストが/

② 日曜日の地震の被災者を助けようとしている。//

③ その人物とは、イラン人の重量挙げチャンピオン、キアヌーシュ・ロスタミ選手で/

④ リオ五輪で獲得したメダルを競売にかけた。//

⑤ 彼はその（競売で得た）お金を地震の被災者を支援するために使うことにしている。//

⑥ ロスタミ選手は次のように述べたと伝えられている/

⑦ 同胞を助けることは自分の義務だと考えている、と。//

破裂が聞こえない破裂音 no-audible-release plosives

英語の音声変化に慣れよう

① He runs a photographic gallery in London.
（彼はロンドンで写真ギャラリーを経営している）

② Let's stop for lunch at the next service area.
（次のサービスエリアに寄ってお昼にしよう）

音声変化を意識しながらナチュラルスピードで聴いてみよう

Well, one Olympic (破裂なし) gold (破裂なし) medalist is (連結) looking to help victims of (連結) Sunday's earthquake (連結). That's the Iranian weightlifting champion Kianoush Rostami, who put his medal from the Rio Games up (破裂なし) for auction. He plans to use the money to aid quake (破裂なし) survivors. Rostami is quoted as (連結) saying he considers it (連結) his duty to help his fellow countrymen.

News 06

Town Overrun by Tumbleweeds

021 ナチュラル音声｜オーストラリア英語  022 ゆっくり音声（ポーズなし）  126 ナチュラル音声（2回目）

The desert town of Victorville in California is dealing with a serious invasion of tumbleweeds. It looks like something out of the Wild, Wild West. Strong winds blew in lots of the prickly plants. One resident said a neighbor was trapped in his home for two hours because the weeds blocked his front door and garage.

（56 words｜Aired on April 19, 2018）

語注

(be) overrun by: 〈場所が〉（好ましくないもので）いっぱいになる

tumbleweed: 回転草、タンブルウィード ☞風に吹かれて地面を転がる球状の枯れ草。

desert: 砂漠の

deal with: ～に対処する

invasion: 侵入、侵略

the Wild, Wild West: 西部開拓時代の辺境地

blow in: 〈風が〉～を吹き入れる、吹き動かす

prickly: とげの多い、とげだらけの

resident: 住民

be trapped in: ～に閉じ込められている

block: 〈障害物が〉～をふさぐ

まるで西部開拓時代!? 回転草が大量発生

「意味の切れ目」だと思うところにスラッシュ（/）を入れながら、英文を語順どおりに読み進めていきましょう。
その後、音声を通して聴いてから、「意味の切れ目」だと思う箇所で音声を止めて、声に出して訳してみましょう。

カリフォルニア州の砂漠の町ビクタービルは、回転草の深刻な侵略に対処している。その光景はさながら西部開拓時代の辺境地のようだ。強風にあおられ、とげだらけの回転草が（その町に）大量に吹き込んだ。住民の1人によれば、近所の人が、回転草に玄関のドアと車庫をふさがれ、家の中に2時間閉じ込められたということだ。

ニュースの背景

2018年4月、米国カリフォルニア州のビクタービルでは、突風にあおられ、回転草が大量に発生した。回転草はフェンスや家屋などの障害物があると、その場所にどんどん積み重なっていく。市職員が重機や熊手で除去しても追いつかず、回転草に住宅の窓や玄関をふさがれ、およそ150戸の住民が家から出られなくなったという。

Town Overrun by Tumbleweeds

 ゆっくり音声(ポーズ入り)

慣れないうちは、あらかじめスラッシュを入れた英文とポーズ入り音声を活用しましょう。

① The desert town of Victorville in California/

② is dealing with a serious invasion of tumbleweeds.//

③ It looks like something out of the Wild, Wild West.//

④ Strong winds blew in lots of the prickly plants.//

⑤ One resident said/

⑥ a neighbor was trapped in his home for two hours/

⑦ because the weeds blocked his front door and garage.//

連結 linking

英語の音声変化に慣れよう 

① He bored‿us with lots‿of useless‿information‿about pop stars.
(彼はポップスターについての役にも立たない情報をたくさん話して、私たちをうんざりさせた)

② She kept‿interrupting me as‿I tried to explain.
(私が説明しようとするたびに、彼女は話の腰を折った)

脱落 deletion

英語の音声変化に慣れよう

① A technician came and fix(ed) the air conditioner.
(技術者が来て、エアコンを修理してくれた)

② They want to exten(d) their visas for another year.
(彼らはもう1年ビザを延長してもらいたがっている)

まるで西部開拓時代!? 回転草が大量発生

スラッシュリーディングやスラッシュリスニングを行った後、シャドーイングなど英語を声に出す練習をしてから、日本語訳を元の英語に変換する「反訳」をやってみましょう。ニュースの内容を十分理解した上で行うのがポイントです。

① カリフォルニア州の砂漠の町ビクタービルは/

② 回転草の深刻な侵略に対処している。//

③ それ(その光景)は西部開拓時代の辺境地から抜け出したかのようだ。//

④ 強風が、そのとげだらけの植物を(その町に)大量に吹き入れた。//

⑤ 住民の1人は言った/

⑥ 近所の人が家の中に2時間閉じ込められたと/

⑦ 回転草が玄関のドアと車庫をふさいだために。//

英語の音声変化に慣れよう

› 破裂が聞こえない破裂音 no-audible-release plosives

① The light drizzle made the pitch quite slippery.
(小雨が降ったせいで、競技場はかなり滑りやすい状態になった)

② I hope the pool's not too crowded.
(プールがあまり混んでいないといいな)

音声変化を意識しながらナチュラルスピードで聴いてみよう 021

The deser(t)[脱落] town of Victorville_in[連結] California is dealing with_a[連結] serious_invasion[連結] of tumbleweeds. It looks like[破裂なし] something out_of[連結] the Wild, Wild West. Strong winds blew in lots_of[連結] the prickly plants. One resident said_a[連結] neighbor was trapped_in[連結] his home for two hours because the weeds blocked_his*[連結] front[破裂なし] door and garage.

＊hisの[h]が発音されていないため、blockedの-ed[t]とhisの[i]が連結している。

Part 2

シャドーイング①
――音にフォーカス

シャドーイングとリピーティングの違い

Part 2では、通訳者の基礎訓練の一つとして成果を挙げ、今では一般のリスニング学習にも取り入れられている「シャドーイング」を取り上げます。

シャドーイングは、流れてくる音声をほぼ同時に、あるいは少しだけ遅れて、できるだけ正確に、あたかも影（shadow）のように、声に出して繰り返していく練習法です。一方、リピーティングは、意味のかたまりごと、あるいは10語程度の短い文なら1文ごとに音声を一時停止して、聴いた音声を繰り返していく練習法です。シャドーイングがリピーティングと異なるのは、発音されたものを最後まで聞き終わってから繰り返すのではなく、聞き取りながら即繰り返していく点です。

［シャドーイングの例］

音声スタート

Concern over the Zika virus is growing as the World Health Organization warns that there could be up to 4 million infections within the year.

学習者スタート

聞き取り…………→Concern over the Zika virus is growing as the World Health Organization warns that there could be up to 4 million infections within the year.

田中深雪（青山学院大学文学部英米文学科教授）

Shadowing: Focusing on Sounds

シャドーイングの効果

リスニング強化のための学習法として人気のあるシャドーイングですが、どのようなメカニズムによって、いかなる効果をもたらしているのか、実際にはまだ解明されていない点もあります。しかし、語学教育に関わる指導者や研究者たちは、以下のような点をシャドーイングの効果として挙げています。

- **リスニングにおける集中力が向上する**
- **英語音声の特徴を習得できる**
- **復唱力が向上する**
- **スピードの速い音声についていけるようになる**

今回は、この中から二つの効果について述べます。

リスニングにおける集中力の向上

シャドーイング練習では、ノンストップで流れてくる音声を聞き取りながら、それを即繰り返していきます。この点が、黙って全体を聴くことに専念できる一般のリスニング練習とは大きく異なります。聴いた英文を瞬時のうちに正確に、一言一句もらさず再現し続けるには、かなり集中して音声を聴かなければなりません。少しでも気を緩め、ほかのことを考えながら聴いていたのでは、音声についていくことはできません。このように自分の意識を意図的に音声に向けさせることによって、集中して英語を聴く習慣が身につき、その結果、リスニング力の向上につながると言われています。

❯ 英語音声の特徴を習得

シャドーイング練習では、日本語とは大きく異なる英語音声の特徴を丁寧に聞き取り、できるだけ忠実に再現することが求められます。「**どのようなイントネーションやアクセントで話されているのか**」「**どの音が強く、あるいは弱く発音されているのか**」「**音と音がつながって聞こえるところはないか**」「**どんなリズムで話されているのか**」など細かい点にまで細心の注意を払いながら、発話者になりきって声に出していきます。このような練習を繰り返すことが、英語音声の特徴の習得に役立つと考えられています。すなわち、英語の自然な流れを聞き分ける力が蓄えられるのです。

シャドーイング練習の進め方

本格的なシャドーイング練習では、英文スクリプトは見ずに、音声が聞こえてきたら、すかさず声に出して同時リピートを始めます。同時と言っても全く同じには不可能ですから、実際は数語遅れて、聞こえてくる英語をそのまま口に出すことになります。そのまま音声は止めずに最後まで練習を続けていきます。

テキストを見ずにシャドーイングを行うのが難しい場合は、最初はテキストを見ながら、聞こえてくる音声と同じスピードで黙読したり、あるいは小声で音読したりする練習を行います。このような練習のことを**シンクロ・リーディング**（あるいは**パラレル・リーディング**）と呼んでいます。声に出してシンクロ・リーディングを行うときは、音声のスピードに遅れないように、また文字の方に注意が行き過ぎて、発音がおろそかになってしまわないように注意する必要があります。

❯ 音にフォーカスする

本格的なシャドーイングでは、以下の複数の作業をほぼ同時に行います。

① 音を正確に聞き取る
② 口頭で即座に、正確に再現する
③ 語句の意味を追う
④ 全体の内容を把握する

こうした複数の作業を集中して行うため、シャドーイングは、初心者の方には少々ハードルが高いと思われがちです。そのため、練習に不慣れな方には、はじめから①〜④のすべてをカバーする本格的なシャドーイング練習に取り組む前に、まずは①、②の音にフォーカスした練習から始めることをお勧めします。

具体的には、英語音声の聞き取りと、口頭での正確な再現にフォーカスし、オリジナルの音声を丁寧に繰り返し聴き、どのように発話されているのか、その特徴を捉えた上で、小声でシャドーイングしてみます。この際、全部をシャドーイングできなくても構いません。自分の声を録音し、音声と発音が大きくかけ離れている箇所はないか、聞き誤りはないか、うまく舌がまわらない箇所はないかなどを細かくチェックしていきます。この段階では、個々の発話を聞き取り、その音声の特徴をまねて、頭の中に英語の音の流れやイメージをしっかりと作り上げることがポイントになります。

では、どのようなところに注意すれば良いのか、次の例を参考にしてください。

［例］

Concern over the Zika virus is growing/ as the World Health‿Organization warns that there could be/ up to 4 (four) million infections within the year.

連結　破裂なし　破裂なし　破裂なし

発音、イントネーション、アクセント、音の強弱、連結、ポーズなどに注意してください。

・は強く読まれているところ、●は特に強く読まれているところを表します。

もしも練習中に英文の内容を理解できないことが気になる場合は、あらかじめテキストを見て、全文を理解した上で練習に取り組んでも大丈夫です。自分が発話者になった気持ちで何度も繰り返し練習し、発音に満足できるようになったら、今度はテキストを見ずに、本格的なシャドーイング練習に取り組んでください。

News 07
WHO Warns about Zika Virus

025 ナチュラル音声｜アメリカ英語　026 ゆっくり音声（ポーズなし）　127 ナチュラル音声（2回目）

Concern over the Zika virus is growing as the World Health Organization warns that there could be up to 4 million infections within the year. The virus is carried by mosquitoes but can be transmitted to a fetus through the mother. Zika has been linked to thousands of cases of microcephaly in Brazilian newborns.

（55 words｜Aired on January 29, 2016）

語注

concern: 懸念、心配

virus: ウイルス

warn that: ～だと警告する

up to: 最大～まで

infection: 感染

be carried by: ～によって媒介される

mosquito: 蚊

transmit A to B: AをBに感染させる

fetus: 胎児

link A to B: AをBと関連づける

case: 症例

microcephaly: 小頭症　☞頭部が先天的に小さく、知能の発達遅滞などがみられる。

newborn: 新生児

ジカウイルスの感染拡大をWHOが警告

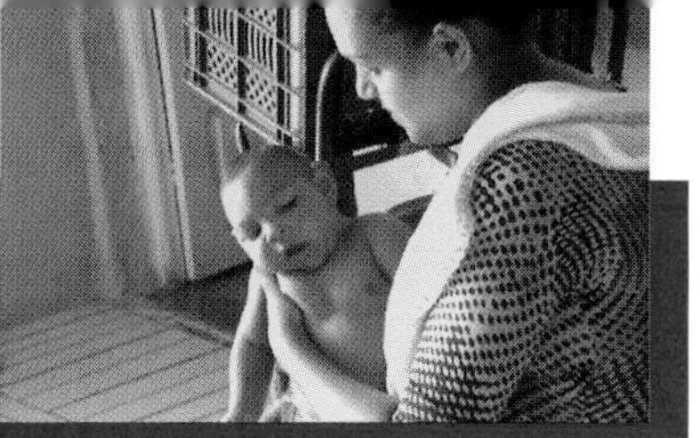

「ナチュラル音声」（または「ゆっくり音声」）を聴いて、「音にフォーカス」しながらシャドーイングしてみましょう。
イントネーション、音の強弱、音のつながりなどに注意して聴き、正確に再現することを目指しましょう。

ジカウイルスへの懸念が高まる中、世界保健機関（WHO）は、今年中に最大で400万人が感染する可能性があると警告している。このウイルスは蚊によって媒介されるが、母親から胎児に感染することもある。ジカウイルスは、ブラジルの新生児数千人にみられる小頭症と関連があると考えられている。

ニュースの背景

主に蚊の媒介で感染するジカウイルスが、中南米を中心に広がっている。ブラジルでは2015年10月以降、ジカウイルスと関連性があるとされる小頭症の新生児が、疑い例を含めて4000人以上生まれている。米国では、性交渉による感染が報告されている

WHO Warns about Zika Virus

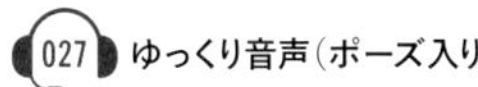

慣れないうちは、「ゆっくり音声（ポーズ入り）」を使ってシャドーイングしてみましょう。

① Concern over the Zika virus is growing/

② as the World Health Organization warns/

③ that there could be up to 4 million infections within the year.//

④ The virus is carried by mosquitoes/

⑤ but can be transmitted to a fetusthrough the mother.//

⑥ Zika has been linked/

⑦ to thousands of cases of microcephalyin Brazilian newborns.//

›連結 linking

英語の音声変化に慣れよう

① We ordered about $10,000 worth of office equipment.
（およそ1万ドル相当のオフィス機器を注文した）

② The guy beside me was obviously drunk.
（私の横にいた男性は明らかに酔っていた）

›脱落 deletion

英語の音声変化に慣れよう

① I was ask(ed) to give a speech at a school.
（ある学校でのスピーチを頼まれた）

② Everyone was move(d) by her kin(d) gesture.
（彼女の親切な行為に、みんなが感動した）

ジカウイルスの感染拡大をWHOが警告

シャドーイング練習を繰り返し、英語が口になじんだら、日本語訳を元の英語に変換する「反訳」をやってみましょう。
発信力が鍛えられます。語注や日本語訳を参考に、ニュースの内容を十分理解した上で行うのがポイントです。

① ジカウイルスへの懸念が高まっている/

② そんな中、世界保健機関は警告している/

③ 今年中に最大で400万人が感染する可能性があると。//

④ このウイルスは蚊によって媒介される/

⑤ だが、母親から胎児に感染することもある。//

⑥ ジカウイルスは関連があると考えられている/

⑦ ブラジルの新生児数千人にみられる小頭症と。//

›破裂が聞こえない破裂音 no-audible-release plosives

英語の音声変化に慣れよう

① They taught their children to be self-reliant.
（彼らは子供たちに自立するよう教えた）

② I wish you'd stop taking so many selfies.
（そんなにたくさん自撮りをしないでくれたらいいのに）

音声変化を意識しながらナチュラルスピードで聴いてみよう 

Concern over the Zika virus is growing as the World Health Organiza-(連結)tion warns that (破裂なし) there could (破裂なし) be up (破裂なし) to 4 million infections within the year. The virus is carried (破裂なし) by mosquitoes but (破裂なし) can be transmitted (破裂なし) to a fetus through the mother. Zika has been link(ed) (脱落) to thousands of (連結) cases of microcephaly in Brazilian newborns.

News 08

Trouble with India's Cash

029 ナチュラル音声｜アメリカ英語　030 ゆっくり音声（ポーズなし）　128 ナチュラル音声（2回目）

India is trying to calm anger days after a sudden move to yank large-denomination rupee currency notes from circulation. Officials increased the limit on cash withdrawals as large crowds gathered at banks across the country. Prime Minister Narendra Modi is urging patience, but both consumers and businesses are feeling the pain.

（51 words｜Aired on November 14, 2016）

語注

calm: （怒りなどを）鎮める
move: 措置
yank...from circulation: …の流通を停止する
large-denomination note: 高額紙幣
rupee: ルピー ☞インドの通貨単位。
currency: 通貨
cash withdrawal: 現金引き出し
prime minister: 首相
urge: ～を促す、要請する
patience: 辛抱、我慢
business: 企業

インド政府が高額紙幣の流通を停止

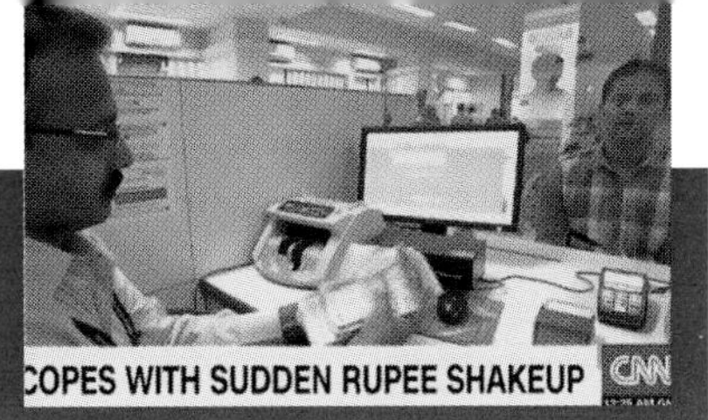

Part 2

「ナチュラル音声」(または「ゆっくり音声」)を聴いて、「音にフォーカス」しながらシャドーイングしてみましょう。
イントネーション、音の強弱、音のつながりなどに注意して聴き、正確に再現することを目指しましょう。

インド政府は(国民の)怒りを鎮めようとしている。ルピーの高額紙幣の流通を停止するという突然の措置から数日後のことだ。インド中の銀行に大勢の人が殺到するなか、当局は現金引き出しの限度額を引き上げた。ナレンドラ・モディ首相は(国民に)辛抱するよう求めているが、消費者も企業も痛みを感じている。

ニュースの背景

インドでは2016年11月9日より、高額紙幣の500ルピーと1000ルピーが廃止された。紙幣の交換や預け入れのため、多くの人々が銀行に殺到。この措置は、偽札や不正蓄財などの根絶が目的だという。偽札の一部はテロ資金に回ることもあり、問題とされている。

Trouble with India's Cash

慣れないうちは、「ゆっくり音声（ポーズ入り）」を使ってシャドーイングしてみましょう。

① India is trying to calm anger/

② days after a sudden move/

③ to yank large-denomination rupee currency notes from circulation.//

④ Officials increased the limit on cash withdrawals/

⑤ as large crowds gathered at banks across the country.//

⑥ Prime Minister Narendra Modi is urging patience,/

⑦ but both consumers and businesses are feeling the pain.//

連結 linking

英語の音声変化に慣れよう

① This salad dressing has apple juice in it.
（このサラダドレッシングには、りんごジュースが入っている）

② The new rail line has improved access to the airport.
（この新しい路線のおかげで、空港へのアクセスが良くなった）

同化 assimilation

英語の音声変化に慣れよう

① She has trouble hearing these days.
（彼女は最近、耳が聞こえなくなってきている）

② How much did your trip cost you?
（旅行にいくらかかった？）

インド政府が高額紙幣の流通を停止

シャドーイング練習を繰り返し、英語が口になじんだら、日本語訳を元の英語に変換する「反訳」をやってみましょう。発信力が鍛えられます。語注や日本語訳を参考に、ニュースの内容を十分理解した上で行うのがポイントです。

① インド政府は怒りを鎮めようとしている/

② 突然の措置から数日後/

③ ルピー通貨の高額紙幣の流通を停止する(措置から)。//

④ 当局は現金引き出しの限度額を引き上げた/

⑤ インド中の銀行に大勢の人が集まるなか。//

⑥ ナレンドラ・モディ首相は辛抱するよう求めている/

⑦ しかし、消費者も企業も痛みを感じている。//

破裂が聞こえない破裂音 no-audible-release plosives

英語の音声変化に慣れよう

① She promised to work to close the wealth gap.
(彼女は、貧富の差をなくすために努力すると約束した)

② I use this Web site to compare ticket prices.
(私はこのサイトを使って、チケット価格を比較している)

音声変化を意識しながらナチュラルスピードで聴いてみよう

India is trying (is_trying: 同化) to calm anger days after (days_after: 連結) a sudden move to yank large-denomination rupee currency notes from circulation. Officials increase(d) (脱落) the limit (破裂なし) on cash withdrawals as (連結) large crowds gathered at (連結・破裂なし) banks across the country. Prime Minister Narendra Modi is urging patience, but both consumers and businesses are feeling the pain.

News 09

Water Crisis in Cape Town

033 ナチュラル音声 | アメリカ英語　034 ゆっくり音声（ポーズなし）　129 ナチュラル音声（2回目）

Residents of Cape Town are living a new normal. The South African city could run out of water in a little more than two months, and they are currently stockpiling for the so-called Day Zero. People are waiting in long lines to fill up bottles. The city is now restricting residents to just 50 liters of water a day from municipal sources.

（62 words | Aired on February 3, 2018）

語注

resident: 住民

new normal: 従来とは大きく異なる日常

run out of: ～が尽きる、不足する

currently: 現在

stockpile: ～を備蓄する

so-called: いわゆる、～と呼ばれる

wait in line: 一列に並んで待つ

fill up: （容器などを）満たす

restrict A to B: A（人）のものをBに制限する

liter: リットル

municipal: 地方自治体の、市町村の

source: 源、供給源

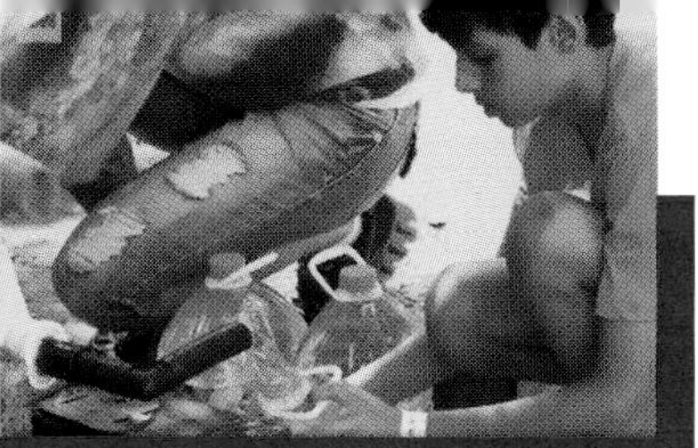

水不足のケープタウン、使用量を制限

「ナチュラル音声」(または「ゆっくり音声」)を聴いて、「音にフォーカス」しながらシャドーイングしてみましょう。
イントネーション、音の強弱、音のつながりなどに注意して聴き、正確に再現することを目指しましょう。

ケープタウンの住民は、従来とは大きく異なる日常生活を送っている。この南アフリカの都市は、あと2カ月あまりで水が枯渇する可能性があり、住民は現在、「デイ・ゼロ」と呼ばれるその日に備えて水を備蓄している。人々は容器に(水を)くむため、長い列をつくっている。ケープタウンは現在、住民に対し、市が供給する水の使用量を(1人当たり)1日わずか50リットルに制限している。

ニュースの背景

南アフリカの人口400万人の都市ケープタウンでは、2016年と2017年の雨季にほとんど雨が降らず、2017年には、ケープタウン周辺にある6カ所のダムの貯水率が10%台になった。2018年1月下旬になると、水道水が供給されなくなる「デイ・ゼロ」が来るかもしれないというニュースが報じられ、2月には住民1人当たりの水使用量が1日50リットルに制限された。だが、同年6月にはダムの貯水率が30%台に回復し、「デイ・ゼロ」はひとまず回避された。

Water Crisis in Cape Town

035 ゆっくり音声(ポーズ入り)

慣れないうちは、「ゆっくり音声(ポーズ入り)」を使ってシャドーイングしてみましょう。

① Residents of Cape Town are living a new normal.//

② The South African city could run out of water/

③ in a little more than two months,/

④ and they are currently stockpiling/

⑤ for the so-called Day Zero.//

⑥ People are waiting in long lines to fill up bottles.//

⑦ The city is now restricting residents/

⑧ to just 50 liters of water a day/

⑨ from municipal sources.//

› 連結 linking　英語の音声変化に慣れよう

① You don't know what you can‿accomplish‿until you try.
(自分が何を成し遂げられるかは、やってみるまでわからないものだ)

② The automatic backups‿are done‿hourly.
(自動バックアップは1時間ごとに行われる)

› 脱落 deletion　英語の音声変化に慣れよう

① The suspec(t) denied ever being at the scene of the crime.
(容疑者は、犯罪現場に行ったことは一度もないと主張した)

② The automaker unveil(ed) two new models yesterday.
(その自動車メーカーは昨日、2種の新型車を発表した)

水不足のケープタウン、使用量を制限

シャドーイング練習を繰り返し、英語が口になじんだら、日本語訳を元の英語に変換する「反訳」をやってみましょう。
発信力が鍛えられます。語注や日本語訳を参考に、ニュースの内容を十分理解した上で行うのがポイントです。

① ケープタウンの住民は、従来とは大きく異なる日常生活を送っている。//

② この南アフリカの都市は水が枯渇するかもしれない/

③ あと2カ月あまりで/

④ そして住民は現在、(水を)備蓄している/

⑤「デイ・ゼロ」と呼ばれるその日のために。//

⑥ 人々は容器を(水で)いっぱいにするため、長い列に並んで待っている。//

⑦ この都市は現在、住民に制限を課している/

⑧ 水の使用量を1日わずか50リットルにする(制限を)/

⑨ 市が供給する(水の)。//

英語の音声変化に慣れよう

破裂が聞こえない破裂音 no-audible-release plosives

① That country has made rapid progress in renewable energy.
(あの国の再生エネルギー分野は急速に発展している)

② My hotel room is a lot bigger than I expected.
(私が泊まるホテルの部屋は、思ったよりずっと広い)

音声変化を意識しながらナチュラルスピードで聴いてみよう 

Residents‿of (連結) Cape (破裂なし) Town‿are (連結) living a new normal. The South‿African (連結) city could (破裂なし) run‿out (連結)‿of (連結) water in‿a (連結) little more than two months, and they are currently stockpiling for the so-called Day Zero. People‿are (連結) waiting in long lines to fill‿up (連結) (破裂なし) bottles. The city is now restricting residents to just 50 liters‿of (連結) water a day from municipal sources.

News 10

India Advances in Space

037 ナチュラル音声｜イギリス英語　038 ゆっくり音声（ポーズなし）　130 ナチュラル音声（2回目）

Now, India has successfully launched a rocket carrying 20 satellites, a record number for the country. The country is rapidly pushing to be a space powerhouse, with a focus on budget-savvy missions. Last month, India tested its first reusable launch vehicle. It cost $13 million, about one-fifth the price of a SpaceX rocket, we're told.

（55 words｜Aired on June 22, 2016）

語注

advance: 前進する
launch: ～を打ち上げる
satellite: 人工衛星
record: 記録的な
push to be: ～になろうと努力する
space powerhouse: 宇宙大国
with a focus on: ～に重点を置いて
budget-savvy: 予算をうまく活用した
reusable: 再利用可能な
launch vehicle: 宇宙船、ロケット
SpaceX: スペースX　☞イーロン・マスク氏が設立した、ロケットや宇宙船の開発・打ち上げを手がける企業。

宇宙大国を目指してまい進するインド

「ナチュラル音声」(または「ゆっくり音声」)を聴いて、「音にフォーカス」しながらシャドーイングしてみましょう。
イントネーション、音の強弱、音のつながりなどに注意して聴き、正確に再現することを目指しましょう。

さて、インドが20基の人工衛星を搭載したロケットの打ち上げに成功した。同国にとって記録的な数だ。インドは宇宙大国を目指して急速に歩みを進めており、手頃な予算によるミッションに重点を置いている。先月、インドは同国初の再利用可能な宇宙船の試験飛行を行った。その宇宙船の費用は1300万ドルで、スペースX社ロケットの約5分の1の価格だと言われている。

ニュースの背景

低価格の宇宙技術開発を進めるとともに、安価な費用で人工衛星を打ち上げる宇宙ビジネスを追求しているインド。このニュースで述べられた20基の人工衛星のうち、17基は外国のものだった。2017年2月、インドは104基の人工衛星を搭載したロケットを打ち上げ、すべての衛星を軌道に投入することに成功。一度の打ち上げで軌道投入した衛星の数としては世界最多となった。104基中101基は外国の人工衛星で、米国96基、オランダ、スイス、イスラエル、カザフスタン、アラブ首長国連邦(UAE)各1基だった。

India Advances in Space

039 ゆっくり音声(ポーズ入り)

慣れないうちは、「ゆっくり音声(ポーズ入り)」を使ってシャドーイングしてみましょう。

① Now, India has successfully launched a rocket carrying 20 satellites,/

② a record number for the country.//

③ The country is rapidly pushing to be a space powerhouse,/

④ with a focus on budget-savvy missions.//

⑤ Last month, India tested its first reusable launch vehicle.//

⑥ It cost $13 million,/

⑦ about one-fifth the price of a SpaceX rocket,/

⑧ we're told.//

連結 linking

英語の音声変化に慣れよう

① They studied how population growth affects education.
(彼らは、人口増加が教育にどのような影響を与えるかを研究した)

② Would you like a piece of apple pie?
(アップルパイはいかがですか)

脱落 deletion

英語の音声変化に慣れよう

① The renovations will take at leas(t) five weeks.
(改築に少なくとも5週間はかかる)

② Can you come roun(d) to my place tomorrow?
(明日、私のところに来てくれる?)

宇宙大国を目指してまい進するインド

シャドーイング練習を繰り返し、英語が口になじんだら、日本語訳を元の英語に変換する「反訳」をやってみましょう。
発信力が鍛えられます。語注や日本語訳を参考に、ニュースの内容を十分理解した上で行うのがポイントです。

① さて、インドが20基の人工衛星を搭載したロケットの打ち上げに成功した/

② 同国にとって記録的な数だ。//

③ インドは宇宙大国を目指して急速に歩みを進めている/

④ 予算をうまく使ったミッションに重点を置いて。//

⑤ 先月、インドは同国初の再利用可能な宇宙船の試験飛行を行った。//

⑥ それ（宇宙船）の費用は1300万ドルだった/

⑦ スペースX社ロケットの約5分の1の価格だ/

⑧ そう言われている。//

英語の音声変化に慣れよう

＞破裂が聞こえない破裂音 no-audible-release plosives

① Her married name is Adachi.
（彼女の結婚後の姓は足立だ）

② She taught me the right way to do weight training.
（彼女はウエートトレーニングの正しい方法を教えてくれた）

音声変化を意識しながらナチュラルスピードで聴いてみよう

Now, India has successfully launched a rocket carrying 20 satellites, a record number for the country. The country is rapidly pushing to be a space powerhouse, with a focus on budget-savvy missions. Las(t) month, India tested its first reusable launch vehicle. It cos(t) $13 million, about one-fifth the price of a SpaceX rocket, we're told.

（launched_a：連結／rocket：破裂なし／satellites,_a：連結／record：破裂なし／with_a：連結／focus_on：連結／budget-savvy：破裂なし／Las(t)：脱落／It：破裂なし／cos(t)：脱落／about：破裂なし／of_a：連結／rocket：破裂なし）

News 11

Ban on Female Drivers Lifted

041 ナチュラル音声｜イギリス英語　042 ゆっくり音声（ポーズなし）　131 ナチュラル音声（2回目）

Now, there is just one country in the world that bans women from driving, and that number will soon become zero. Saudi Arabia has issued a royal decree that will lift the restrictions by June 24th of next year. Until now, some women were fined or jailed if they were caught behind the wheel.

（54 words｜Aired on September 27, 2017）

語注

ban on: 〜への禁止
lift: （禁止令などを）撤廃する
ban...from doing: …が〜することを禁止する
issue: （声明などを）出す
royal decree: 国王令
restriction: 制限、規制
until now: 現在までに
fine: 〜に罰金を科す
jail: 〜を拘置する、投獄する
catch A B: Bの状態のAを見つける
behind the wheel: 車の運転をして

遂にサウジも女性の運転を解禁

「ナチュラル音声」(または「ゆっくり音声」)を聴いて、「音にフォーカス」しながらシャドーイングしてみましょう。
イントネーション、音の強弱、音のつながりなどに注意して聴き、正確に再現することを目指しましょう。

Part 2

さて、女性の運転を禁じる国が世界に一つだけあるが、その数は近いうちにゼロになる。サウジアラビア政府がその規制を来年6月24日までに撤廃する国王令を出したのだ。これまでは、運転しているところを見つかった場合、罰金刑や禁錮刑に処せられた女性もいた。

ニュースの背景

世界で唯一、女性の運転を禁じていたサウジアラビアで、2018年6月24日に運転が解禁された。同国では、2010年末から中東諸国に広がった民衆蜂起「アラブの春」後、不満を抱えた国民を懐柔するため補助金を拡大。原油価格の低迷も重なり、財政赤字が拡大した。今後の財政悪化も懸念されるなか、ムハンマド皇太子が主導する経済改革の一環で女性の運転が解禁されることとなった。サウジアラビアでは、これにより女性の社会進出が進み、経済成長が高まると期待されている。

Ban on Female Drivers Lifted

慣れないうちは、「ゆっくり音声（ポーズ入り）」を使ってシャドーイングしてみましょう。

① Now, there is just one country in the world/

② that bans women from driving,/

③ and that number will soon become zero.//

④ Saudi Arabia has issued a royal decree/

⑤ that will lift the restrictions by June 24th of next year.//

⑥ Until now,/

⑦ some women were fined or jailed/

⑧ if they were caught behind the wheel.//

›連結 linking

英語の音声変化に慣れよう

① My coat got dirty when‿I leaned‿against the wall.
（壁にもたれたときにコートが汚れてしまった）

② Let's take‿a rest‿under that tree.
（あの木の下で一休みしよう）

›同化 assimilation

英語の音声変化に慣れよう

① I can't wait for next‿year's FIFA World Cup.
（来年のFIFAワールドカップが待ち遠しい）

② Don't call me unless‿you really need to.
（本当に必要なとき以外は電話しないで）

遂にサウジも女性の運転を解禁

シャドーイング練習を繰り返し、英語が口になじんだら、日本語訳を元の英語に変換する「反訳」をやってみましょう。発信力が鍛えられます。語注や日本語訳を参考に、ニュースの内容を十分理解した上で行うのがポイントです。

① さて、世界に一つだけ国がある/

② 女性が運転することを禁じる（国が）/

③ そして、その数は近いうちにゼロになる。//

④ サウジアラビアが国王令を出したのだ/

⑤ その規制を来年6月24日までに撤廃する（国王令を）。//

⑥ これまでは/

⑦ 罰金刑や禁錮刑に処せられた女性もいた/

⑧ 運転しているところを見つかった場合に。//

英語の音声変化に慣れよう

破裂が聞こえない破裂音 no-audible-release plosives

① She took a nap then went straight back to work.
（彼女は仮眠をとると、すぐに仕事を再開した）

② The grocer's didn't have any ripe bananas.
（その食料雑貨店には、熟れたバナナが置いてなかった）

音声変化を意識しながらナチュラルスピードで聴いてみよう

Now, there is jus(t) [脱落] one country in the worl(d) [脱落] that [破裂なし] bans women from driving, and that [破裂なし] number will soon become zero. Saudi Arabia has issued‿a [連結] royal decree that [破裂なし] will lift the restrictions by June 24th of next‿year [同化]. Until now, some women were fined‿or [連結] jailed if they were caught [破裂なし] behin(d) [脱落] the wheel.

News 12

GE Removed from Dow Index

045 ナチュラル音声｜オーストラリア英語 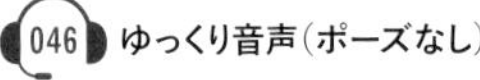 ゆっくり音声（ポーズなし） 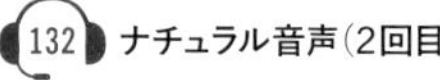 ナチュラル音声（2回目）

A sign of changing times on Wall Street: General Electric, an original member of the Dow when it debuted back in 1896, is being removed from the index. The industrial giant is being replaced by the pharmacy chain Walgreens Boots Alliance. GE has been plagued by an underperforming stock and a cash crisis from years of bad deals.

（58 words｜Aired on June 20, 2018）

語注

remove A from B: AをBから除外する
(the) Dow: ダウ平均、ダウ工業株30種
index: 指数
sign: しるし、表れ
Wall Street: ウォール街 ☞米金融・証券市場の通称。
debut: 初登場する
industrial giant: 工業系大手企業
replace: ～に取って代わる
pharmacy: 薬局、ドラッグストア
plague: ～を苦しめる
underperforming stock: 株価低迷
cash crisis: 資金難、財政難
deal: 取引

最古銘柄のGE、ダウ平均から除外へ

「ナチュラル音声」（または「ゆっくり音声」）を聴いて、「音にフォーカス」しながらシャドーイングしてみましょう。
イントネーション、音の強弱、音のつながりなどに注意して聴き、正確に再現することを目指しましょう。

ウォール街に時代の変化が表れている。1896年にダウ平均が算出を開始したときの最初の構成銘柄だったゼネラル・エレクトリック（GE）が、指数から除外されることになったのだ。この工業系大手は、ドラッグストアチェーンのウォルグリーン・ブーツ・アライアンスに取って代わられる。GEは株価の低迷と長年の事業不振による資金難に苦しんでいる。

ニュースの背景

多国籍複合企業体のゼネラル・エレクトリック（GE）は、ダウ平均の算出開始時点に採用された構成銘柄の一つ。一度除外されたが、1907年に再び採用された。しかし、株価の低迷により、2018年6月25日付けで構成銘柄から除外となった。ダウ平均は有力な上場企業で構成されており、銘柄を随時入れ替えている。

GE Removed from Dow Index

慣れないうちは、「ゆっくり音声（ポーズ入り）」を使ってシャドーイングしてみましょう。

① A sign of changing times on Wall Street:/

② General Electric,/

③ an original member of the Dow/

④ when it debuted back in 1896,/

⑤ is being removed from the index.//

⑥ The industrial giant is being replaced/

⑦ by the pharmacy chain Walgreens Boots Alliance.//

⑧ GE has been plagued by an underperforming stock/

⑨ and a cash crisis from years of bad deals.//

連結 linking

英語の音声変化に慣れよう

① I saw a flash of lightning off in the distance.
（ずっと遠くのほうで雷がピカッと光るのが見えた）

② With the hotel half empty, we got a room easily.
（そのホテルは半分空いていたので、私たちはすぐに部屋を取れた）

脱落 deletion

英語の音声変化に慣れよう

① This app shows the time you spen(d) using your phone.
（このアプリはスマホの使用時間を教えてくれる）

② His “explanation” lef(t) me more confuse(d) than before.
（彼の「説明」を聞いたら、余計に混乱した）

最古銘柄のGE、ダウ平均から除外へ

シャドーイング練習を繰り返し、英語が口になじんだら、日本語訳を元の英語に変換する「反訳」をやってみましょう。
発信力が鍛えられます。語注や日本語訳を参考に、ニュースの内容を十分理解した上で行うのがポイントです。

Part 2

① ウォール街に時代の変化が表れている/

② ゼネラル・エレクトリック(GE)が/

③ ダウ平均の最初のメンバーだ/

④ それ(ダウ平均)が1896年に始まったときの/

⑤ その指数から除外されることになる。//

⑥ この工業系大手は取って代わられる/

⑦ ドラッグストアチェーンのウォルグリーン・ブーツ・アライアンスに。//

⑧ GEは苦しんでいる、株価の低迷に/

⑨ そして、長年の事業不振による資金難に。//

破裂が聞こえない破裂音 no-audible-release plosives

英語の音声変化に慣れよう

① I had to grab the railing to keep from falling over.
(倒れないように、手すりにつかまらなければならなかった)

② You look quite good in a yukata.
(浴衣がとても似合うね)

音声変化を意識しながらナチュラルスピードで聴いてみよう

A sign‿of changing times‿on Wall Street: General‿Electric, an‿original member‿of the Dow when‿it debuted back‿in 1896, is being remove(d) from the index. The industrial giant‿is being replaced by the pharmacy chain Walgreens Boots‿Alliance. GE has been plagued by an underper-forming stock and‿a cash crisis from years‿of bad deals.

(連結: sign‿of, times‿on, General‿Electric, an‿original, member‿of, when‿it, back‿in, giant‿is, Boots‿Alliance, and‿a, years‿of / 破裂なし: Street, it, debuted, bad / 脱落: remove(d))

Part 3

シャドーイング②
――意味にフォーカス

はじめに

シャドーイングとは、流れてくる音声をほぼ同時に、あるいは少しだけ遅れて、できるだけ正確に声に出していく練習法です。Part 2では、「音にフォーカス」するシャドーイング練習の進め方とその効果について紹介しましたが、Part 3では一歩進めて、聴いた内容の「意味にフォーカス」するシャドーイング（コンテンツ・シャドーイング）練習について紹介します。

「意味にフォーカス」するシャドーイング

「意味にフォーカス」するシャドーイング練習とは、音声の内容（コンテンツ）を頭の中でしっかりと理解しながら、シャドーイングしていくことです。「音にフォーカス」するシャドーイング練習の際は、英語音声の聞き取りと、口頭での正確な再現にフォーカスし、オリジナルの音声を丁寧に繰り返し聴き、その特徴を捉えた上で、小声でシャドーイングしてみることをお勧めしました。この段階では、個々の発話を聞き取り、その音声の特徴をまねて、頭の中に英語の音の流れやイメージをしっかりと作り上げることが目標でした。

　練習を通じて、音を正確に聞き取り、口頭で即座に再現することが容易になったら、今度は焦点を「音」から「意味」に移し、語句の意味を追うことと、全体の内容を正確に把握することを目指します。具体的には、テキストは見ずに耳だけを頼りに、語句の意味に意識を向けながらシャドーイングしてみます。すでに、ほとんどの方がこの段階に至るまでに、少なくとも数回は音声を聴き、テキストを見ているので、初めて音声を聴いたときに比べると、内容の理解度はかなり高くなっていると思います。しかし、それでも途中で不明の語句やフレーズなどがあった場合は、そのまま放置せずにテキストを確認し、できるだけ完全にシャドーイングができるようになるまで練習を行ってください。

最後に、耳から入ってくる語句の意味が難なく理解できるようになったら、今度は、テキスト全体の内容に意識を向けながらシャドーイングしてみます。練習では、あたかも自分が英語を話しているようなつもりで、スピーカーになりきって声に出します。今、どんな話をシャドーイングしているのか、話の内容を頭の中でイメージしながらシャドーイングができるようになることを目標としてください。

シャドーイングの効果

シャドーイングが、どのようなメカニズムによって、いかなる効果をもたらしているのか、実際にはまだ解明されていない点があり、その効果も個人によって異なります。ここでは一般的に研究者たちが指摘しているシャドーイングの効果の中から、「復唱力が向上する」、「スピードの速い音声についていけるようになる」という二つの点について述べます。

復唱力が向上する

電話番号などは、単に耳で聴くだけよりも、その番号を声に出して復唱した方が記憶に残りやすいものです。シャドーイング練習では聴いた英文を即、その場で声に出してリピートしますので、練習を重ねることによって、復唱力が向上し、英語の音が頭の中に残りやすくなると考えられています。たとえ聴いた英文の意味を一瞬では理解できなくても、頭の中で復唱できれば、自分がすでに持っている英語のデータベースと照合することが可能になります。その結果、意味の理解に結びつく可能性も高くなり、リスニング力が向上するのではと考えられています。

❯スピードの速い音声についていけるようになる

シャドーイングでは、耳から入ってくる言葉を頭の中で繰り返しながら声に出します。しかし、リピーティングのように自分のペースで発話するのではなく、音声の速さに従って発話しなければなりません。そのため、スピードの速い音声を利用して練習を重ねると、いやが応でも英語を物理的に速く発話せざるを得ません。その結果、聴いたことを頭の中で音声化するスピードも上がっていき、スピードの速い音声についていくだけの力が蓄えられていくのではと考えられています。

シャドーイング練習の進め方

シャドーイング練習では、現時点の自分の語学力に合わせて最適な練習メニューを作成し、実行に移すことが上達への早道です。次に挙げるのは、シャドーイング練習に際して利用されるタスクの例ですが、この順番に従って、すべてを行わなければダメだということではありません。自分にとって必要だと思われる項目を選び、練習回数や時間を設定した上で、着実に取り組んでください。

- テキストを見て、未知の語句の意味を調べる
- 音声を聴いてみる
- テキストを音読してみる
- シンクロ・リーディング ➜ 音声に合わせてテキストを音読
- 音にフォーカスしながらシャドーイング ➜ 音声の正確な再現を目指す
- 意味にフォーカスしながらシャドーイング ➜ 内容を正確に把握する
- 音声の速度を上げてシャドーイング

練習する際の注意点

シャドーイング練習では、聞き取りながら声に出すわけですから、当然、音声と自分の声が重なって聞こえます。練習では、**自分の意識を音声の方に向ける**ことが必要です。自分の声の方に意識を向けてしまうと、どうしても音声が聞き取りにくくなってしまいます。

練習に際しては、自分の声など外部からの侵入音をできるだけ遮断してくれるような性能の良いヘッドフォンを使用してください。ヘッドフォンから聞こえてくる音声が大き過ぎても小さ過ぎても聞き取りにくいので、音量に注意しましょう。また練習中、自分の声が大き過ぎても聞き取りの妨げになりますので、大声を張り上げて練習するのは避けた方が良いでしょう。

❯ フィードバック

シャドーイングは技術をマスターしさえすれば、多くの人が一通りはできるようになります。しかし、シャドーイングがうまくできたのかどうかを確認するには、フィードバックを行う必要があります。一人で練習する場合は自分の声を録音し、テキストと照らし合わせて、ミスをチェックしていきます。音声面でチェックしておくべき点は、Part 2で紹介しましたので（p.42の「英語音声の特徴を習得」を参照）、ここではその他のチェック・ポイントを挙げておきます。参考にしてください。

- **無言のままになっている箇所はないか**
- **自分で何を言っているのか意味不明の箇所はないか**
- **毎回飛ばす語句はないか**
- **毎回言い間違えている語句はないか**

フィードバックを通して、自分の弱点をつかんだら、間違った箇所を繰り返し声に出して読み、部分的にシャドーイングした上で、全文のシャドーイングに再度チャレンジしてみてください。なお学習記録を取っておくと、学習の進捗状況がわかり、励みになると思います。

News 13

Venezuela in Crisis

049 ナチュラル音声｜アメリカ英語　050 ゆっくり音声（ポーズなし）　133 ナチュラル音声（2回目）

Food running low and anger running high, Venezuela's leader has expanded the role of the military as the country's economic crisis nears boiling point. With hunger growing and tempers fraying, soldiers have been put in charge of distributing food and drink. But food isn't the only problem; medicine is also in critically short supply.

（54 words｜Aired on July 13, 2016）

語注

run low: 乏しくなる、品不足になる
run high: 〈感情などが〉激してくる、高まる
expand: ～を拡大する
the military: 軍、軍部
near: ～に近づく
boiling point: 沸点、我慢の限界
hunger: 飢え
temper: 平静、落ち着き
fray: 〈神経などが〉すり減る
put...in charge of doing: …に～することを担当させる
distribute: ～を配給する
medicine: 薬、医薬品
be in short supply: 不足している
critically: きわめて、危機的に

経済危機のベネズエラ、食料・医薬品も不足

「ナチュラル音声」(または「ゆっくり音声」)を聴いて、「意味にフォーカス」しながらシャドーイングしてみましょう。
まずは語句の意味に意識を向けながら行い、それができたら、全体の内容を把握することを心がけながらやってみましょう。

食料が不足し、人々の怒りが高まってきているベネズエラでは、大統領が軍の役割を拡大した。同国の経済危機が我慢の限界に近づいての措置だ。飢えが増大し、人々がいら立つなか、兵士らが飲食物を配給する任務に就かされている。しかし、問題は食料だけではない。医薬品も危機的に不足している。

ニュースの背景

原油産出国のベネズエラは、2014年秋頃から続く原油価格の低迷により、外貨収入が減少。輸入に頼っていた食料品や日用品の不足が深刻化した。このニュースが放送される以前から食料品の配給は行われていたが、2016年7月、マドゥロ大統領は、ロペス防衛相に新たな食料配給システムの指揮を任せることにした。かつて南米屈指の豊かな国だったベネズエラは、現在も経済危機が続き、治安も悪化。約300万人の国民が周辺国に脱出している。

Venezuela in Crisis

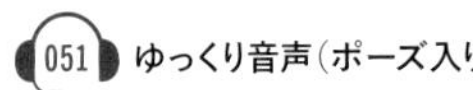

ゆっくり音声(ポーズ入り)

慣れないうちは、「ゆっくり音声(ポーズ入り)」を使ってシャドーイングしてみましょう。

① Food running low and anger running high,/

② Venezuela's leader has expanded the role of the military/

③ as the country's economic crisis nears boiling point.//

④ With hunger growing and tempers fraying,/

⑤ soldiers have been put in charge of distributing food and drink.//

⑥ But food isn't the only problem;/

⑦ medicine is also in critically short supply.//

連結 linking

英語の音声変化に慣れよう

① The share price is expected to rise significantly.
(株価が大幅に上昇する見通しだ)

② That store's having a sale on camping gear.
(あの店では、キャンプ用品のセールを行っている)

脱落 deletion

英語の音声変化に慣れよう

① I didn'(t) know you could play the piano.
(あなたがピアノを弾けるとは知らなかった)

② Several stores in that arcade have close(d) down.
(あのアーケードにあるいくつかの店舗が閉鎖した)

経済危機のベネズエラ、食料・医薬品も不足

シャドーイング練習を繰り返し、英語が口になじんだら、日本語訳を元の英語に変換する「反訳」をやってみましょう。発信力が鍛えられます。語注や日本語訳を参考に、ニュースの内容を十分理解した上で行うのがポイントです。

① 食料が不足し、人々の怒りが高まりつつあり/

② ベネズエラの指導者は軍の役割を拡大した/

③ 同国の経済危機が我慢の限界に近づくなか。//

④ 飢えが増大し、人々がいら立つなか/

⑤ 兵士らが飲食物を配給する任務に就かされている。//

⑥ だが、食料が唯一の問題ではない/

⑦ 医薬品も危機的に不足している。//

Part 3

英語の音声変化に慣れよう

› 破裂が聞こえない破裂音 no-audible-release plosives

① He said the meeting had been cancelled.
(会議は中止になったと彼は言った)

② The copyright dispute was settled in court.
(その著作権論争は法廷で決着した)

音声変化を意識しながらナチュラルスピードで聴いてみよう

Food running low and anger running high, Venezuela's leader has ex- (has ex: 連結) panded the role of the military as the country's economic crisis nears boiling point. With hunger growing and tempers fraying, soldiers have been put in charge of distributing food and drink. But food isn't the only problem; medicine is also in critically short supply.

(panded: 破裂なし / role of: 連結 / economic: 破裂なし / point: 破裂なし / put in: 連結 / food and: 連結 / But: 破裂なし / isn't: 破裂なし / short: 破裂なし)

News 14

NZ's Youngest Female PM

053 ナチュラル音声｜アメリカ英語　054 ゆっくり音声（ポーズなし）　134 ナチュラル音声（2回目）

This is Jacinda Ardern, and she is to become New Zealand's youngest-ever female prime minister. Now, Ardern, who is 37, is the Labour leader, and she claimed the office after a minority party gave her its support. She took over the left-wing party just three months ago, and her victory puts an end to weeks of negotiations over who could form the next government.

（64 words｜Aired on October 19, 2017）

語注

female: 女性の
PM: ＝prime minister　首相
be to do: ～する予定である、～することになっている
youngest-ever: 史上最年少の
Labour: 《イギリスやニュージーランドの》労働党の
claim: ～を勝ち取る、得る
office: 地位、職
minority party: 少数政党
take over: ～を引き継ぐ
left-wing: 左派の
put an end to: ～を終わらせる
negotiation: 交渉、話し合い
form: （内閣などを）結成する、組織する

ニュージーランドに 史上最年少の女性首相

「ナチュラル音声」(または「ゆっくり音声」)を聴いて、「意味にフォーカス」しながらシャドーイングしてみましょう。
まずは語句の意味に意識を向けながら行い、それができたら、全体の内容を把握することを心がけながらやってみましょう。

こちらはジャシンダ・アーダーン氏。彼女はニュージーランド史上最年少の女性首相になる予定である。37歳のアーダーン氏は労働党党首で、ある少数政党の支持を得たことで首相に就任することとなった。彼女が左派政党(労働党)の党首になったのはわずか3カ月前だが、彼女の勝利により、誰が次期政権を樹立できるのかという数週間にわたる協議に終止符が打たれた。

ニュースの背景

2017年10月、ニュージーランドで3人目となる女性首相が誕生した。同年9月に行われた総選挙では、与党・ニュージーランド国民党も、ニュージーランド労働党と緑の党による野党連合も過半数の議席を獲得できなかったが、ニュージーランド・ファースト党がアーダーン氏を支持したことから、ニュージーランド労働党が9年ぶりに政権を奪還した。アーダーン氏は2018年6月に女児を出産し、6週間の産休取得後、公務に復帰。同年9月には、国連総会に生後3カ月の娘を連れて出席し、注目を集めた。2020年のコロナ禍では、その指導力が世界から絶賛されている。

NZ's Youngest Female PM

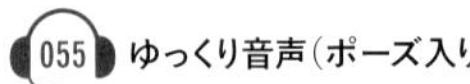

慣れないうちは、「ゆっくり音声(ポーズ入り)」を使ってシャドーイングしてみましょう。

① This is Jacinda Ardern,/

② and she is to become New Zealand's youngest-ever female prime minister.//

③ Now, Ardern, who is 37, is the Labour leader,/

④ and she claimed the office/

⑤ after a minority party gave her its support.//

⑥ She took over the left-wing party just three months ago,/

⑦ and her victory puts an end to weeks of negotiations/

⑧ over who could form the next government.//

連結 linking

英語の音声変化に慣れよう

① The astronauts arrived safely back on Earth.
(宇宙飛行士たちは無事に地球に帰還した)

② Will a dozen eggs be enough?
(卵1ダースで足りる?)

脱落 deletion

英語の音声変化に慣れよう

① I didn't expect it to cos(t) that much.
(それがそんなに高くつくなんて思わなかった)

② I plann(ed) to spen(d) that weeken(d) playing golf.
(あの週末はゴルフをして過ごす予定だった)

ニュージーランドに史上最年少の女性首相

シャドーイング練習を繰り返し、英語が口になじんだら、日本語訳を元の英語に変換する「反訳」をやってみましょう。
発信力が鍛えられます。語注や日本語訳を参考に、ニュースの内容を十分理解した上で行うのがポイントです。

① こちらはジャシンダ・アーダーン氏/

② 彼女はニュージーランド史上最年少の女性首相になる予定である。//

③ 37歳のアーダーン氏は労働党党首だ/

④ そして首相職を得た/

⑤ ある少数政党が彼女を支持したことで。//

⑥ 彼女が左派政党(労働党)を引き継いだのは、わずか3カ月前のことだ/

⑦ そして彼女の勝利により、数週間にわたる協議に終止符が打たれた/

⑧ 誰が次期政権を樹立できるのかという(協議に)。//

英語の音声変化に慣れよう

破裂が聞こえない破裂音 no-audible-release plosives

That bistro has really good food.
(あのビストロの料理は本当においしい)

音声変化を意識しながらナチュラルスピードで聴いてみよう 053

This is Jacinda Ardern, and she is to become New Zealand's youngest-ever female prime minister. Now, Ardern, who is 37, is the Labour leader, and she claim(ed) [脱落] the office after a minority party gave her its support. She took_over [連結] the lef(t)-wing [脱落] party jus(t) [脱落] three months_ago [連結], and her victory puts_an_en(d) [連結 連結 脱落] to weeks of negotiations over who could [破裂なし] form the nex(t) [脱落] government [破裂なし].

Part 3

News 15

Lake Goes Red in Warm Weather

057 ナチュラル音声｜アメリカ英語　058 ゆっくり音声（ポーズなし）　135 ナチュラル音声（2回目）

Now, time to behold an incredible scene in northern China, where this 1,000-year-old salt lake has turned bright red. The reason: a surge in temperatures has also led to a surge in algae and brine shrimp, which are multiplying due to the warmer weather. And this is one of just three great, sodium-sulfate, inland salt lakes in the world. The others are in the United States and Russia.

（68 words｜Aired on August 1, 2018）

語注

behold: （印象的なものを）見る
incredible: 信じられないような
bright: 〈色が〉鮮やかな
surge in: ～の急上昇、急増
temperature: 気温
lead to: ～を引き起こす、～の原因となる
algae: 藻類　☞alga（藻）の複数形。
brine shrimp: ブラインシュリンプ
multiply: 増殖する
due to: ～のせいで、～が原因で
sodium-sulfate: 硫酸ナトリウムの
inland: 内陸の

気候変動の影響で中国の塩湖が真っ赤に

「ナチュラル音声」(または「ゆっくり音声」)を聴いて、「意味にフォーカス」しながらシャドーイングしてみましょう。
まずは語句の意味に意識を向けながら行い、それができたら、全体の内容を把握することを心がけながらやってみましょう。

さて、次は、中国北部の信じられないような光景をご覧あれ。この1000年前からある塩湖が真っ赤になっている。というのも、気温の急上昇で、藻類やブラインシュリンプも急増したからだ。それらは暑さのせいで(急激に)増殖している。この湖は、世界に三つしかない大きな硫酸ナトリウム型内陸塩湖の一つだ。あとの二つは米国とロシアにある。

ニュースの背景

「中国の死海」とも呼ばれる山西省運城の塩湖が、2018年、気温の上昇で藻類やブラインシュリンプが増殖したことから真っ赤に変色した。ブラインシュリンプは、塩水湖に生息する動物プランクトンの一種。2016年、2017年にも、この塩湖は赤く変色した。

Lake Goes Red in Warm Weather

059 ゆっくり音声（ポーズ入り）

慣れないうちは、「ゆっくり音声（ポーズ入り）」を使ってシャドーイングしてみましょう。

① Now, time to behold an incredible scene in northern China,/

② where this 1,000-year-old salt lake has turned bright red.//

③ The reason:/

④ a surge in temperatures has also led to a surge in algae and brine shrimp,/

⑤ which are multiplying due to the warmer weather.//

⑥ And this is one of just three great, sodium-sulfate, inland salt lakes in the world.//

⑦ The others are in the United States and Russia.//

›連結 linking

英語の音声変化に慣れよう

① The locals‿advised me to sleep‿under‿a mosquito net.
（地元の人々は、蚊帳の中で寝るよう勧めてくれた）

② He snuck‿into the movie theater without‿a ticket.
（彼はチケットを買わずに映画館に忍び込んだ）

›脱落 deletion

英語の音声変化に慣れよう

① How did she reac(t) to the news?
（彼女はその知らせにどう反応した？）

② The final whistle's going to blow any secon(d) now.
（試合終了のホイッスルがもう間もなく鳴るだろう）

気候変動の影響で中国の塩湖が真っ赤に

シャドーイング練習を繰り返し、英語が口になじんだら、日本語訳を元の英語に変換する「反訳」をやってみましょう。
発信力が鍛えられます。語注や日本語訳を参考に、ニュースの内容を十分理解した上で行うのがポイントです。

① さて、中国北部の信じられないような光景を見る時間だ/

② そこでは、この1000年前からある塩湖が真っ赤になった。//

③ その理由はこうだ/

④ 気温の急上昇が、藻類やブラインシュリンプの急増も引き起こしたのだ/

⑤ それらは暑さのせいで増殖している。//

⑥ そして、これは世界に三つしかない大きな硫酸ナトリウム型内陸塩湖の一つだ。//

⑦ あとの二つは、米国とロシアにある。//

Part 3

›破裂が聞こえない破裂音 no-audible-release plosives

英語の音声変化に慣れよう

We need a realistic plan to curb pollution.
(汚染を抑制するための現実的な計画が必要だ)

音声変化を意識しながらナチュラルスピードで聴いてみよう

Now, time to behold an incredible scene in northern China, where this 1,000-year-old salt lake has* turn(ed) bright red. The reason: a surge in temperatures has** also led to a surge in algae and brine shrimp, which are multiplying due to the warmer weather. And this is one of jus(t) three great sodium-sulfate inlan(d) salt lakes in the world. The others are in the United States and Russia.

(an incredible: 連結 / year-old: 連結 / old: 破裂なし / lake has: 連結 / turn(ed): 脱落 / bright: 破裂なし / temperatures has: 連結 / has also: 連結 / led: 破裂なし / which are: 連結 / this is: 連結 / jus(t): 脱落 / great: 破裂なし / sodium-sulfate: 破裂なし / inlan(d): 脱落 / salt: 破裂なし / lakes in: 連結 / are in: 連結 / United: 破裂なし)

*hasの[h]が脱落し、lakeの[k]とhasの[ə]が連結している。
**hasの[h]が脱落し、temperaturesの[z]とhasの[ə]が連結している。

News 16

Drink Makers Keen on CBD Oil

061 ナチュラル音声｜アメリカ英語　062 ゆっくり音声（ポーズなし）　136 ナチュラル音声（2回目）

Well, Coca-Cola says it is looking to enter a burgeoning niche in the beverage industry: cannabis. Marijuana stocks soared on that announcement. The maker of Corona beer had already announced a nearly $4 billion investment last month. But companies won't be using the ingredient that gets people high, just CBD oil, which is thought to have all kinds of health benefits.

（61 words｜Aired on September 18, 2018）

語注

(be) keen on: ～に熱中している

CBD: カンナビジオール　☞大麻草から抽出される成分。炎症や痛みなどの緩和作用があるとされる。

be looking to do: ～するつもりでいる

burgeoning: 急成長している

niche: 隙間分野、隙間市場

beverage: 飲料

cannabis: 大麻

stock: 株

soar: 急騰する

investment: 投資

ingredient: 成分、原料

health benefit: 健康効果

大麻入り飲料に
コカ・コーラ社も参入か

「ナチュラル音声」(または「ゆっくり音声」)を聴いて、「意味にフォーカス」しながらシャドーイングしてみましょう。
まずは語句の意味に意識を向けながら行い、それができたら、全体の内容を把握することを心がけながらやってみましょう。

さて、コカ・コーラ社によれば、同社は飲料業界で急成長中の隙間分野に参入するつもりだという。それは大麻(成分入り飲料)だ。その発表により、マリファナ関連株が急騰した。コロナビールの製造会社(コンステレーション・ブランズ)は、先月すでに(大麻企業への)40億ドル近くの(追加)投資を発表していた。だが、各社とも気分を高揚させる成分は使わず、CBD(カンナビジオール)オイルのみを使うことにしている。CBDオイルにはさまざまな健康効果があると考えられている。

ニュースの背景

コカ・コーラ社が大麻成分入り飲料事業への参入を検討している。機能性健康飲料の材料としてCBD(カンナビジオール)に注目し、カナダの大麻企業と飲料開発について協議中といわれる。他の飲料メーカーもこの分野に関心を持ち、カナダの大麻栽培会社と合弁事業を立ち上げたり、取引に向けた協議を行ったりしている。オランダのハイネケン傘下の米クラフトビール会社ラグニタスは、大麻の有効成分THC(テトラヒドロカンナビノール)入りノンアルコール飲料ブランドを立ち上げている。

Drink Makers Keen on CBD Oil

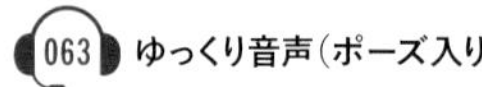

慣れないうちは、「ゆっくり音声(ポーズ入り)」を使ってシャドーイングしてみましょう。

① Well, Coca-Cola says/

② it is looking to enter a burgeoning niche in the beverage industry:/

③ cannabis.//

④ Marijuana stocks soared on that announcement.//

⑤ The maker of Corona beer had already announced a nearly $4 billion investment/

⑥ last month.//

⑦ But companies won't be using the ingredient that gets people high,/

⑧ just CBD oil,/

⑨ which is thought to have all kinds of health benefits.//

連結 linking　英語の音声変化に慣れよう

① The hotel is perched on top of a cliff.
(そのホテルは崖の上にある)

② She gave us great advice on how to write clearly.
(彼女は、明快な文の書き方について貴重なアドバイスをくれた)

脱落 deletion　英語の音声変化に慣れよう

① Are there any vacant seats in the nex(t) car?
(隣の車両に空いている席はありますか)

② He claim(ed) that he knew nothing about the shady deal.
(彼は、その怪しい取引について何も知らないと主張した)

大麻入り飲料にコカ・コーラ社も参入か

シャドーイング練習を繰り返し、英語が口になじんだら、日本語訳を元の英語に変換する「反訳」をやってみましょう。発信力が鍛えられます。語注や日本語訳を参考に、ニュースの内容を十分理解した上で行うのがポイントです。

① さて、コカ・コーラ社は述べている/

② 飲料業界で急成長中の隙間分野に参入するつもりだと/

③ 大麻(成分入り飲料)だ。//

④ その発表により、マリファアナ関連株が急騰した。//

⑤ コロナビールの製造会社は、すでに40億ドル近くの投資を発表していた/

⑥ 先月に。//

⑦ だが、各社とも人をハイにする成分は使わないことにしている/

⑧ (使うのは)CBDオイルだけだ/

⑨ それ(CBDオイル)にはさまざまな健康効果があると考えられている。//

Part 3

破裂が聞こえない破裂音 no-audible-release plosives

英語の音声変化に慣れよう

The divers were lauded for the heroic rescue.
(そのダイバーたちは、勇敢な救助活動をたたえられた)

音声変化を意識しながらナチュラルスピードで聴いてみよう

Well, Coca-Cola says it_is (連結) looking to enter a burgeoning niche in the beverage industry: cannabis. Marijuana stocks soared on that_an- (連結) nouncement (破裂なし). The maker_of (連結) Corona beer had_already (連結) announced_a (連結) nearly $4 billion [four-billion-dollar]_investment (連結) last (破裂なし) month. But companies won't (破裂なし) be using the ingredient (破裂なし) that (破裂なし) gets people high, just CBD oil, which_is (連結) thought (破裂なし) to have_all (連結) kinds of health benefits.

News 17

Facebook Flags Fake News

065 ナチュラル音声 | イギリス英語　066 ゆっくり音声(ポーズなし)　 137 ナチュラル音声(2回目)

Now, Facebook is trying to make good on its CEO Mark Zuckerberg's recent pledge to take misinformation seriously. The world's biggest social network is starting to add red flags to potential fake news stories shared by its users. But the company itself won't actually be doing any of the fact checking. Instead, it's going to be relying on third parties.

(60 words | Aired on December 16, 2016)

語注

make good on: (約束などを) 果たす、履行する
pledge: 誓約、約束
take...seriously: …を重要視する
misinformation: 偽情報、虚報
add A to B: AをBに追加する
red flag: 注意を促すもの、警告
potential: 可能性のある
fake: 偽の、でたらめの
news story: ニュース記事
fact checking: 事実確認
instead: 代わりに
rely on: 〜に頼る、依存する
third party: 第三者

フェイスブックが偽ニュース対策を導入

「ナチュラル音声」(または「ゆっくり音声」)を聴いて、「意味にフォーカス」しながらシャドーイングしてみましょう。
まずは語句の意味に意識を向けながら行い、それができたら、全体の内容を把握することを心がけながらやってみましょう。

さて、フェイスブックは、偽情報対策を重要視するというマーク・ザッカーバーグCEOの最近の約束を果たそうとしている。この世界最大のソーシャルネットワーク企業は、フェイスブックの利用者がシェアした虚偽の疑いのあるニュース記事に、「警告」を表示し始めている。だが、同社自体が実際に事実確認を行うわけではない。代わりに、第三者機関に依頼することにしている。

ニュースの背景

フェイスブックは2016年12月15日、偽ニュース対策を導入した。虚偽の疑いのある情報が発信された場合、利用者の報告をもとに第三者機関に調査を依頼する。偽ニュースと判定された場合、「Disputed (真偽が問われている)」と警告を表示するという。2016年の米大統領選の期間中、同社は偽ニュースの拡散を放置していると批判を受けていた。2020年の大統領選に際しては、コンテンツの事実確認をロイター通信に委託するなど対策を強化している。

Facebook Flags Fake News

 ゆっくり音声（ポーズ入り）

慣れないうちは、「ゆっくり音声（ポーズ入り）」を使ってシャドーイングしてみましょう。

① Now, Facebook is trying/

② to make good on its CEO Mark Zuckerberg's recent pledge/

③ to take misinformation seriously.//

④ The world's biggest social network/

⑤ is starting to add red flags to potential fake news stories/

⑥ shared by its users.//

⑦ But the company itself won't actually be doing any of the fact checking.//

⑧ Instead, it's going to be relying on third parties.//

連結 linking

英語の音声変化に慣れよう 

① The company is trying to improve its public image.
（あの会社は企業イメージを良くしようとしている）

② The conference was a good opportunity to make contacts.
（あの会議はコネをつくる良い機会となった）

脱落 deletion

英語の音声変化に慣れよう

① The renovations will cos(t) several million dollars.
（改築には数百万ドルかかるだろう）

② Stan(d) clear of the doors when they open and close.
（ドアが開いたり閉まったりするときは、ドアから離れていなさい）

フェイスブックが偽ニュース対策を導入

シャドーイング練習を繰り返し、英語が口になじんだら、日本語訳を元の英語に変換する「反訳」をやってみましょう。発信力が鍛えられます。語注や日本語訳を参考に、ニュースの内容を十分理解した上で行うのがポイントです。

① さて、フェイスブックは努めている/

② マーク・ザッカーバーグCEOの最近の約束を果たそうと/

③ 偽情報対策を重要視するという(約束を)。//

④ この世界最大のソーシャルネットワーク企業は/

⑤ 虚偽の疑いのあるニュース記事に「警告」を付け加え始めている/

⑥ フェイスブックの利用者がシェアした(ニュースに)。//

⑦ だが、同社自体が実際に事実確認を行うわけではない。//

⑧ 代わりに、第三者機関を頼ることにしている。//

英語の音声変化に慣れよう

› 破裂が聞こえない破裂音 no-audible-release plosives

① Both candidates vowed to boost economic growth.
(両候補とも、経済成長を加速させると誓った)

② We took the kids to an amusement park.
(私たちは子供たちを遊園地に連れて行った)

音声変化を意識しながらナチュラルスピードで聴いてみよう 

Now, Facebook is (連結) trying to make (破裂なし) good on (連結) its (連結) CEO Mark Zuckerberg's recent (破裂なし) pledge to take misinformation seriously. The world's bigges(t) (脱落) social network is (連結) starting to add red flags to potential fake (破裂なし) news stories shared by its users. But (破裂なし) the company itself won't actually (連結) be doing any of the fac(t) (脱落) checking. Instead, it's going to be relying on third parties.

News 18

Siberian Tiger Quintuplets

069 ナチュラル音声 | イギリス英語　070 ゆっくり音声(ポーズなし)　138 ナチュラル音声(2回目)

Month-old Siberian tiger quintuplets born in China are said to be doing well. Most Siberian tigers give birth to two to four cubs at a time, so the birth of five healthy babies is extremely rare. A breeder where the cubs are being cared for says the mother has not taken to them, so the center is raising the cubs themselves.

(61 words | Aired on May 20, 2017)

語注

Siberian tiger: アムールトラ、シベリアトラ
quintuplets: 五つ子
give birth to: ～を出産する
cub: (トラなどの)子
at a time: 一度に
extremely: とても、非常に
breeder: (動植物の)ブリーダー
where: ☞at the place whereということ。
care for: ～の世話をする
take to: ～が好きになる
raise: ～を育てる
themselves: ☞主語がthe centerなのでitselfとするのが適切だが、口語ではthemselvesとしても許容される。

アムールトラの五つ子、順調に成長中

「ナチュラル音声」(または「ゆっくり音声」)を聴いて、「意味にフォーカス」しながらシャドーイングしてみましょう。
まずは語句の意味に意識を向けながら行い、それができたら、全体の内容を把握することを心がけながらやってみましょう。

中国で生まれた生後1カ月のアムールトラの五つ子は、順調に育っているという。アムールトラが一度に出産する子どもの数は大抵2～4頭なので、5頭の健康な赤ちゃんの誕生は非常に珍しい。五つ子が世話を受けている施設のブリーダーの話では、母親の気持ちが子どもたちに向かないため、その施設の人たちが自分たちで五つ子を育てているという。

ニュースの背景

2017年4月13日、中国の繁殖施設で、雄2頭、雌3頭のアムールトラの五つ子が誕生した。施設のブリーダーによると、母親のアムールトラが子どもたちを避けるため、スタッフがミルクで育てているという。現在、野生のアムールトラは約500頭しかおらず、絶滅危惧種となっている。

Siberian Tiger Quintuplets

ゆっくり音声(ポーズ入り)

慣れないうちは、「ゆっくり音声(ポーズ入り)」を使ってシャドーイングしてみましょう。

① Month-old Siberian tiger quintuplets born in China/

② are said to be doing well.//

③ Most Siberian tigers give birth to two to four cubs at a time,/

④ so the birth of five healthy babies is extremely rare.//

⑤ A breeder where the cubs are being cared for says/

⑥ the mother has not taken to them,/

⑦ so the center is raising the cubs themselves.//

連結 linking

英語の音声変化に慣れよう

① After the group tour, I spent a few days alone in Paris.
(団体ツアーのあと、私は数日間ひとりでパリに滞在した)

② The company has expanded its operations.
(その会社は事業を拡大した)

脱落 deletion

英語の音声変化に慣れよう

① We should get off at the nex(t) station.
(次の駅で降りた方がいいね)

② I foun(d) some ol(d) photos from my college days.
(大学時代の古い写真を見つけた)

アムールトラの五つ子、順調に成長中

シャドーイング練習を繰り返し、英語が口になじんだら、日本語訳を元の英語に変換する「反訳」をやってみましょう。
発信力が鍛えられます。語注や日本語訳を参考に、ニュースの内容を十分理解した上で行うのがポイントです。

① 中国で生まれた生後1カ月のアムールトラの五つ子は/

② 順調に育っているという。//

③ 大抵のアムールトラは、一度に2～4頭の子を出産する/

④ そのため、5頭の健康な赤ちゃんの誕生は非常に珍しい。//

⑤ 子どもたちが世話を受けているところのブリーダーは述べている/

⑥ 母親は彼ら（子どもたち）を好きになっていない/

⑦ そのため、その施設（の人たち）自身が子どもたちを育てていると。//

破裂が聞こえない破裂音 no-audible-release plosives

英語の音声変化に慣れよう

① He called for new trade talks.
（彼は新たな貿易交渉を求めた）

② I didn't want to get drawn into their argument.
（私は彼らの議論に巻き込まれたくなかった）

音声変化を意識しながらナチュラルスピードで聴いてみよう

Month-ol(d)[脱落] Siberian tiger quintuplets born_in[連結] China are said[破裂なし] to be doing well. Mos(t)[脱落] Siberian tigers give birth to two to four cubs at_a[連結] time, so the birth of five healthy babies is_extremely[連結] rare. A breeder where the cubs are being cared for says the mother has not[破裂なし] taken to them, so the center is raising the cubs themselves.

Part 4

ディクテーション

ディクテーションとは

ディクテーションとは、聴いた英文を一言一句残さず、そのまますべて書き取っていくというシンプルな学習法です。リスニング力や聞き取った内容を記憶・保持する力の強化など、英語の基礎学力をしっかりと固める上で効果がありますので、学習メニューにぜひ取り入れてみてください。

ディクテーションの進め方

ディクテーションには大きく分けて三つの方法があります。

❶「空所補充問題」形式のディクテーション

まずは、語句の「空所補充問題」形式のディクテーションです。例えば、p.99に掲載している例題のように、聞き取った内容を空欄に書き込んでいく方法です。初心者の方は、あらかじめ英文にざっと目を通し、空欄にどんな語句が入るのか見当をつけてから音声を聴いても良いでしょう。また、聞き取りの際、空欄の「語句」だけに神経が集中しがちですが、文全体に注意を払いながら聴いた方が、文脈を把握することができ、正解を得やすくなります。

❷ 部分ディクテーション

空所補充問題で自信がついたら、今度は、部分的なディクテーションに取り組んでください。ディクテーションに使用する音声とスクリプトを用意した上で、英文の一部（例えば前半部分、あるいは後半部分だけ）を書き取ってみましょう。

❸ 全文ディクテーション

最後は、英文すべてを書き取る本格的なディクテーションです。音声とスクリプトを用意し、一定の長さの音声を聴いたら一時停止し、記憶した英文を書き取ります。一時停止するまでの長さは、ご自身の英語力に応じて調整していただいて構いませんが、なるべく意味の切れ目で区切った方が記憶に残りやすく、書き取りが容易になります。聞き取れない箇所、書いているうちに忘れてしまった箇所があったら、聞き直してください。聞き取りが苦手な初心者の方は、あらかじめスクリプトに目を通し、未知の語彙などを確認してからディクテーションに取り組むと良いでしょう。

音声を最後まで書き取ったら、自分が書いた英文とスクリプトを照らし合わせてみましょう。聞き違いやスペルミス、文法的な誤り（時制、複数形など）、定冠詞と不定冠詞の混同などがないかチェックし、間違いを訂正します。最後に、聞き逃した箇所、聞き誤った箇所が聞き取れるかどうか確認してください。数回聴いても聞き取れない箇所は、日を改めて聴いてみましょう。

なお、書き取りの際、キーボードを使う方もいるようですが、パソコンの文書ソフトの自動訂正機能が作用すると、どこでミスをしたのか把握できません。多少時間がかかっても、1語ずつ自分の手で書き取った方が、語句のスペルも意味もしっかりと記憶に残るため、手書きで行うことをお勧めします。

教材について

ディクテーションをする際は、ご自身の英語習熟度に従って英文のレベルや分量を検討の上、教材になる音声とスクリプトを決めてください。初めは十分に聞き取れる速さの音声教材を利用し、徐々にレベルアップを図っていきます。一般に速度が速いと、連結や脱落など音が変化する可能性も高くなりますので、注意が必要です。また、スクリプトの中に未知の語彙が多いと、書き取れない部分も多くなります。そのような場合は、あらかじめ電子辞書などの音声読み上げ機能を利用し、発音とスペルを確認してからディクテーションに取りかかってください。

なお、TOEIC®テスト、TOEFL®テスト、英検などの語学試験を受験される方は、試験問題集に収録されているリスニング問題をディクテーションの教材として利用することもできます。また、テレビ・ラジオの語学番組などは内容も豊富でレベルも多様ですので、自分の語学レベルにあったものを教材として利用することができます。

ディクテーションのメリット

ディクテーションのメリットとしてまず挙げられるのは、**リスニングの弱点をはっきりと把握できる**点です。聞き取れなかった箇所や聞き誤っていた箇所を、確実に発見することができます。ディクテーションを通してご自身の弱点を把握し、その上でシャドーイングなど他の練習を組み合わせることで、リスニング力の一層の強化を図ってください。

次に、ディクテーションは記憶力の強化に効果的です。聴いた英文を書き取るまで、しっかりと記憶に留めておく必要があるからです。そのため、**英語を頭の中に保持する力を養う**ことができます。

また、ディクテーションは、**英語のスペルの習得**にも役立ちます。せっかく聞き取っても、スペルがわからなければ書き取ることはできません。カタカナやローマ字などで代用する癖がついている人は、ディクテーションをすることで、1語でも多くのスペルを着実に身につけてください。

最後に、ディクテーションは**音の聞き分け**にも役立ちます。英語には、発音は同じでもつづりが異なる語があります。こうした単語は、音声上は同じに聞こえるため、前後の文脈を把握しておかないと区別できない場合があります。また、音の弱化や消失など、はっきりと聞こえない音や、連結、同化など、リスニングを困難にするさまざまな現象が起こります。このような点を丁寧に学ぶ上でも、ディクテーションは効果的と言えます。

❯「空所補充問題」形式の例題をやってみよう!

例題として、News 10の「空所補充問題」形式のディクテーションをやってみましょう。「ナチュラル音声」(または「ゆっくり音声」)を聴いて、英文中の空欄を埋めてください。空欄の中に入る語は1語とは限りません。全文スクリプトはp.56をご覧ください。

例題 News 10 037 038

Now, India has successfully (__________)① a rocket carrying 20 (__________)②, a record number for the country. The country is rapidly pushing to be a space powerhouse, with a (__________)③ budget-savvy missions. Last month, India (_______)④ its first reusable launch vehicle. It (_____)⑤ $13 million, about (__________)⑥ the price of a SpaceX rocket, we're told.

＊pp.124-129に、Part 4のニュース(News 19〜News 24)の「空所補充問題」を掲載しています。最初から全文ディクテーションや部分ディクテーションをするのが難しい場合は、「空所補充問題」形式から始めてみてください。

解答 ①launched ②satellites ③focus on ④tested ⑤cost ⑥one-fifth

［ディクテーション］

News 19

More Fruit and Veg Advised

 ナチュラル音声｜アメリカ英語  ゆっくり音声（ポーズなし）  ナチュラル音声（2回目）

Most people struggle to eat the five daily servings of fruits and vegetables recommended by many doctors, and now, nutritional experts are raising the bar even higher: 10 portions. Researchers at Imperial College London say that's the magic number to give you the best protection from early death.

（48 words | Aired on February 23, 2017）

語注

veg: ＝vegetable　野菜

struggle to do: ～するのに苦労する

daily: 毎日の、1日の

serving: （食べ物の）1人分　☞後出のportionも同じ意味。one portionは80グラム。

recommend: ～を推奨する

nutritional: 栄養の

expert: 専門家

raise the bar: 基準を上げる

magic number: 特別な意味を持つ数字

protection from: ～の予防

early death: 早死に

早死に予防には
1日800グラムの野菜・果物

「ナチュラル音声」(または「ゆっくり音声」)を聴いて、ディクテーションをしてみましょう。
聞き逃した箇所や聞き誤った箇所は、繰り返し聴いて耳を慣らすようにしましょう。

多くの医師が推奨する1日5皿分(400グラム)の果物と野菜を、大半の人はなかなか取れないが、今、栄養の専門家がその基準をさらに引き上げている。10皿分(800グラム)にだ。インペリアル・カレッジ・ロンドンの研究者たちによれば、10皿分がより確実な目安で、早死にの一番の予防になるという。

ニュースの背景

研究によれば、果物と野菜を合わせて1日800グラム摂取すると、冠動脈疾患のリスクを24%、脳卒中のリスクを33%、心血管疾患のリスクを28%、早死にのリスクを31%減らせるという。心臓系の病気の予防には、リンゴ、洋ナシ、かんきつ類、ほうれんそう、レタス、ブロッコリーなどを食べるといいそうだ。

［ディクテーション］

More Fruit and Veg Advised

慣れないうちは、「ゆっくり音声（ポーズ入り）」を使ってディクテーションをしてみましょう。

① Most people struggle to eat/

② the five daily servings of fruits and vegetables/

③ recommended by many doctors,/

④ and now, nutritional experts are raising the bar even higher:/

⑤ 10 portions.//

⑥ Researchers at Imperial College London say/

⑦ that's the magic number/

⑧ to give you the best protection from early death.//

連結 linking

英語の音声変化に慣れよう

① If I were you, I'd accept his offer.
（私があなたなら、彼の申し出を受けるわ）

② The witness provided crucial evidence.
（その目撃者は重要な証拠を提供した）

脱落 deletion

英語の音声変化に慣れよう

① I inten(d) to run in the nex(t) council election.
（私は次の地方議会選挙に出るつもりだ）

② The contractor refuse(d) to compromise on price.
（その請負業者は価格面で妥協するのを拒んだ）

早死に予防には1日800グラムの野菜・果物

ディクテーションを行った後、シャドーイングなど英語を声に出す練習をしてから、日本語訳を元の英語に変換する「反訳」をやってみましょう。発信力が鍛えられます。ニュースの内容を十分理解した上で行うのがポイントです。

① 大半の人は食べるのに苦労する/

② 1日5皿分の果物と野菜を/

③ 多くの医師によって推奨されている/

④ そして今、栄養の専門家がその基準をさらに高く上げている/

⑤ 10皿分にだ。//

⑥ インペリアル・カレッジ・ロンドンの研究者たちは言っている/

⑦ それは特別な意味を持つ数字だと/

⑧ 早死にの一番の予防となる。//

英語の音声変化に慣れよう

›破裂が聞こえない破裂音 no-audible-release plosives

① I should get there at around five.
（私は5時頃そこに着くはずだ）

② The NPO helps refugees meet basic needs.
（そのNPOは、難民が基本的ニーズを満たす手助けをしている）

音声変化を意識しながらナチュラルスピードで聴いてみよう 073

Mos(t) people struggle to eat the five daily servings of fruits and vegetables recommended by many doctors, and now, nutritional experts are raising the bar even higher: 10 portions. Researchers at Imperial College London say that's the magic number to give you the bes(t) protection from early death.

（Mos(t): 脱落／eat: 破裂なし／servings of: 連結／fruits and: 連結／recommended: 破裂なし／nutritional experts: 連結／Researchers at: 連結／at Imperial: 連結／magic: 破裂なし／bes(t): 脱落）

News 20

Messaging App for Kids

077 ナチュラル音声｜アメリカ英語　078 ゆっくり音声（ポーズなし）　140 ナチュラル音声（2回目）

Facebook is tapping into a brand-new market. It's targeting 6- to 12-year-olds with a new app called Messenger Kids. Young users can chat with their friends, make video calls and send age-appropriate gifts. Now, parents must set up a child's account and approve who they can communicate with. Now, Facebook's main site remains off limits to children under the age of 13.

（62 words｜Aired on December 5, 2017）

語注

tap into a market: 市場に参入する
brand-new: 真新しい
app: ＝application　アプリ
chat with: 〜とチャットする
age-appropriate: 年齢に応じた
set up: 〜を設定する
approve: 〜を承認する
remain: 〜のままである
off limits to: 〈場所が〉〜には入れない、立ち入り禁止の

子供向け通信アプリをフェイスブックが開発

「ナチュラル音声」(または「ゆっくり音声」)を聴いて、ディクテーションをしてみましょう。
聞き逃した箇所や聞き誤った箇所は、繰り返し聴いて耳を慣らすようにしましょう。

フェイスブックが全く新たな市場に参入しようとしている。6歳から12歳の子供を対象にした「メッセンジャーキッズ」という新しいアプリを開発したのだ。若いユーザーたちは、(アプリを使って) 友達とチャットをしたり、ビデオ通話をしたり、年齢に応じたプレゼントを贈ったりすることができる。子供のアカウントを作成し、やりとりしていい相手を承認するのは親でなければならない。フェイスブックの主要サイトは、13歳未満の子供は今後も閲覧することができない。

ニュースの背景

「メッセンジャーキッズ」は、子供たちが友達などと楽しくつながることができるビデオチャット機能も付いたメッセージアプリで、保護者による管理下での利用を意図したもの。世界70カ国以上に提供されており、日本でも2020年4月23日から利用できるようになった。

［ディクテーション］

Messaging App for Kids

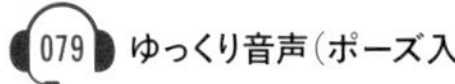
ゆっくり音声（ポーズ入り）

慣れないうちは、「ゆっくり音声（ポーズ入り）」を使ってディクテーションをしてみましょう。

① Facebook is tapping into a brand-new market.//

② It's targeting 6- to 12-year-olds/

③ with a new app called Messenger Kids.//

④ Young users can chat with their friends, make video calls/

⑤ and send age-appropriate gifts.//

⑥ Now, parents must set up a child's account/

⑦ and approve who they can communicate with.//

⑧ Now, Facebook's main site remains off limits/

⑨ to children under the age of 13.//

連結 linking

英語の音声変化に慣れよう

① We keep around half our stock at a separate location.
（わが社は、在庫の半分程度を別の場所に保管している）

② You should always address him as "Professor."
（彼のことは常に「教授」と呼んだ方がいい）

脱落 deletion

英語の音声変化に慣れよう

① Why did she hide the fac(t) that she's married?
（彼女はなぜ結婚していることを隠していたのだろう？）

② We should remin(d) the staff about the new policy.
（スタッフに新しい方針を忘れないようにと言った方がいい）

子供向け通信アプリをフェイスブックが開発

ディクテーションを行った後、シャドーイングなど英語を声に出す練習をしてから、日本語訳を元の英語に変換する「反訳」をやってみましょう。発信力が鍛えられます。ニュースの内容を十分理解した上で行うのがポイントです。

① フェイスブックが全く新たな市場に参入しようとしている。//

② 6歳から12歳の子供を対象にしている/

③「メッセンジャーキッズ」という新しいアプリによって。//

④ 若いユーザーたちは、友達とチャットをしたり、ビデオ通話をしたりすることができる/

⑤ そして年齢に応じたプレゼントを贈ることも(できる)。//

⑥ 親たちがやらなければならないのは、子供のアカウントを作成して/

⑦ 誰とやりとりしていいかを承認することだ。//

⑧ フェイスブックの主要サイトは今後も閲覧することができない/

⑨ 13歳未満の子供は。//

英語の音声変化に慣れよう

› 破裂が聞こえない破裂音 no-audible-release plosives

① What do you call that tool to whip cream with?
(クリームを泡立てるあの器具を何て言うの?)

② The hard-fought game ended in a draw.
(激しい試合は引き分けに終わった)

音声変化を意識しながらナチュラルスピードで聴いてみよう 

Facebook is tapping into a bran(d)-new market. It's targeting 6- to 12-year-olds with a new app called Messenger Kids. Young users can chat with their friends, make video calls and send age-appropriate gif(t)s. Now, parents mus(t) set up a child's account and approve who they can communicate with. Now, Facebook's main site remains off limits to children under the age of 13.

(bran(d): 脱落 / market: 破裂なし / with a: 連結 / app: 破裂なし / called: 破裂なし / chat: 破裂なし / age-appropriate: 破裂なし / gif(t)s: 脱落 / mus(t): 脱落 / set up: 連結 / up a: 連結 / child's account: 連結 / account and: 連結 / and approve: 連結 / communicate: 破裂なし / site: 破裂なし / age of: 連結)

[ディクテーション]

News 21

Nude Breaks Sotheby's Record

081 ナチュラル音声 | アメリカ英語　082 ゆっくり音声(ポーズなし)　141 ナチュラル音声(2回目)

Now, a once-controversial piece of art has now been sold for the highest auction price in Sotheby's history. The nude painting, by Italian artist Amedeo Modigliani, was auctioned off for a whopping $157 million on Monday. Now, the artwork was featured in a 1917 exhibition in Paris but was later deemed obscene by French police.

(55 words | Aired on May 15, 2018)

語注

break a record: 記録を破る
once-controversial: かつて物議を醸した
piece of art: 芸術作品
auction price: 競売価格、オークション価格
nude painting: 裸体画
auction off: ～を競売で売る
whopping: とてつもなく大きい
artwork: 芸術作品
feature: ～を呼び物にする
exhibition: 展覧会
deem A B: AをBと見なす
obscene: わいせつな

モディリアーニの裸婦画、170億円超で落札

「ナチュラル音声」(または「ゆっくり音声」)を聴いて、ディクテーションをしてみましょう。
聞き逃した箇所や聞き誤った箇所は、繰り返し聴いて耳を慣らすようにしましょう。

さてこのたび、かつて物議を醸した芸術作品が、サザビーズ史上最高落札額で売れた。イタリア人画家アメデオ・モディリアーニの裸婦画が、月曜日、なんと1億5700万ドル(約172億円)で落札されたのだ。この芸術作品は、1917年にパリで開かれた個展の目玉だったが、その後、フランス警察にわいせつと見なされた。

ニュースの背景

落札されたのは「(体の左側を下にして)横たわる裸婦」で、オークションで過去4番目の高額、サザビーズでは過去最高額で落札された。1917年、モディリアーニは最初で最後の個展をパリで開くが、出展した裸婦画はわいせつと見なされ、警官によって撤去されたという。2015年には、モディリアーニの別の裸婦画が、過去3番目に高い1億7040万ドル(約187億円)で落札されている。

［ディクテーション］

Nude Breaks Sotheby's Record

慣れないうちは、「ゆっくり音声（ポーズ入り）」を使ってディクテーションをしてみましょう。

① Now, a once-controversial piece of art has now been sold/

② for the highest auction price in Sotheby's history.//

③ The nude painting,/

④ by Italian artist Amedeo Modigliani,/

⑤ was auctioned off for a whopping $157 million on Monday.//

⑥ Now, the artwork was featured in a 1917 exhibition in Paris/

⑦ but was later deemed obscene by French police.//

›連結 linking

英語の音声変化に慣れよう

① You can't put a price on friendship.
（友情に値段はつけられない）

② The players have armbands on in memory of their late coach.
（亡くなった監督を追悼して、選手たちはアームバンドを付けている）

›脱落 deletion

英語の音声変化に慣れよう

① Mos(t) people think he's much younger than he is.
（彼は実年齢よりずっと若いと、大半の人が思っている）

② My plane was delayed, so I kill(ed) time in the bookshop.
（飛行機の出発が遅れたので、書店で時間をつぶした）

モディリアーニの裸婦画、170億円超で落札

ディクテーションを行った後、シャドーイングなど英語を声に出す練習をしてから、日本語訳を元の英語に変換する「反訳」をやってみましょう。発信力が鍛えられます。ニュースの内容を十分理解した上で行うのがポイントです。

① さてこのたび、かつて物議を醸した芸術作品が売れた/

② サザビーズ史上最高落札額で。//

③ この裸体画が/

④ イタリア人画家アメデオ・モディリアーニによるものだが/

⑤ 月曜日、なんと1億5700万ドルで落札されたのだ。//

⑥ この芸術作品は、1917年にパリで開かれた展覧会の目玉だった/

⑦ しかし、その後、フランス警察にわいせつと見なされた。//

›破裂が聞こえない破裂音 no-audible-release plosives

英語の音声変化に慣れよう

① This work will take well over a week to complete.
（この仕事を終えるのに、優に1週間はかかるだろう）

② Let me just translate what you've said so far.
（ここまでのあなたの発言を通訳させてください）

音声変化を意識しながらナチュラルスピードで聴いてみよう 

Now, a once-controversial piece of art has now been sold for the highes(t) auction price in Sotheby's history. The nude painting, by Italian artis(t) Amedeo Modigliani, was auctioned off for a whopping $157 million [one hundred and fifty seven million dollars] on Monday. Now, the artwork was featured in a 1917 exhibition in Paris but was later deemed obscene by French police.

（piece of：連結／of art：連結／sold：破裂なし／highes(t)：脱落／artis(t)：脱落／auctioned off：連結／hundred：破裂なし／dollars] on：連結／artwork：破裂なし、破裂なし／in a：連結／exhibition in：連結／but：破裂なし）

[ディクテーション]

News 22

Frisco Ups Parental Leave

085 ナチュラル音声 | イギリス英語 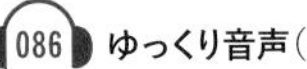 086 ゆっくり音声(ポーズなし) 142 ナチュラル音声(2回目)

Well, San Francisco will become the first US city to require six weeks of fully paid parental leave at many of its businesses. The city's board of supervisors approved the law. It targets companies with 20 or more employees. San Francisco already offers 12 weeks of fully paid leave for its 30,000 city employees.

(54 words | Aired on April 6, 2016)

語注

Frisco: ☞サンフランシスコの略称。

up: ～を増やす

parental leave: 育児休暇

require: ～を義務付ける

fully paid: 給与全額支給の

business: 会社、企業

board of supervisors: 監理委員会 ☞サンフランシスコ市の立法府は監理委員会が担っている。

approve: ～を承認する

target: ～を対象とする

employee: 従業員、職員

offer: ～を提供する

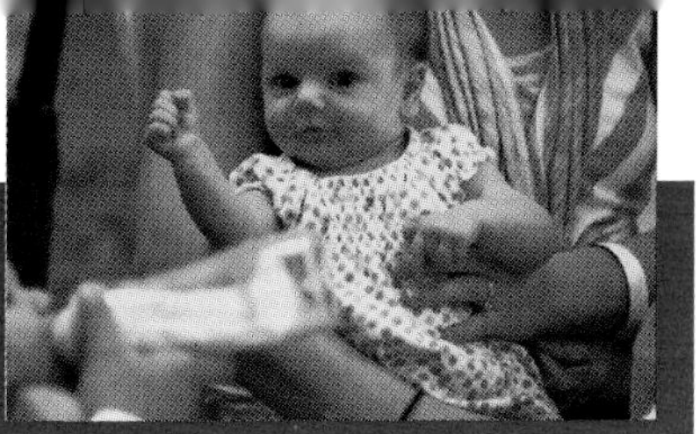

サンフランシスコ市、有給育児休暇を義務付け

「ナチュラル音声」(または「ゆっくり音声」)を聴いて、ディクテーションをしてみましょう。
聞き逃した箇所や聞き誤った箇所は、繰り返し聴いて耳を慣らすようにしましょう。

さて、サンフランシスコ市は、市内の多くの企業に対して、給与を全額支給する6週間の育児休暇を義務付ける全米初の市となる。サンフランシスコ市の監理委員会がこの条例案を可決した。対象となるのは、従業員20人以上の企業だ。サンフランシスコ市はすでに3万人の市職員に、給与を全額支給する12週間の育児休暇を付与している。

ニュースの背景

米連邦法では、育児や重病の家族の世話をするための最長12週間の休暇付与を企業に義務付けているが、有給ではない。また、育児や家族のための有給休暇を義務付けているのは、カリフォルニア州を含む5つの州のみである。サンフランシスコ市では現在、市内の従業員20人以上の企業に対して、給与を全額支給する6週間の育児休暇を義務付けている。ネットフリックスやフェイスブックなどの一部の大企業は、人材獲得のため産休・育休を独自に拡充している。

［ディクテーション］

Frisco Ups Parental Leave

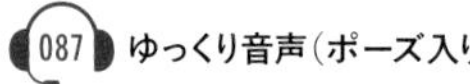

慣れないうちは、「ゆっくり音声（ポーズ入り）」を使ってディクテーションをしてみましょう。

① Well, San Francisco will become the first US city/

② to require six weeks of fully paid parental leave/

③ at many of its businesses.//

④ The city's board of supervisors approved the law.//

⑤ It targets companies with 20 or more employees.//

⑥ San Francisco already offers 12 weeks of fully paid leave/

⑦ for its 30,000 city employees.//

› 連結 linking

英語の音声変化に慣れよう

① I save important data on an external hard drive.
（重要なデータは外付けハードドライブに保存している）

② I fell off my bike and landed on my elbow.
（自転車から落ちて、ひじを打った）

› 脱落 deletion

英語の音声変化に慣れよう

① I think I use(d) too much curry powder.
（カレー粉を入れすぎたようだ）

② With this app, you can sen(d) tex(t) messages for free.
（このアプリを使えば、携帯メールを無料で送信できる）

サンフランシスコ市、有給育児休暇を義務付け

ディクテーションを行った後、シャドーイングなど英語を声に出す練習をしてから、日本語訳を元の英語に変換する「反訳」をやってみましょう。発信力が鍛えられます。ニュースの内容を十分理解した上で行うのがポイントです。

① さて、サンフランシスコ市は全米初の市となる/

② 給与を全額支給する6週間の育児休暇を義務付ける（市に）/

③ 市内の多くの企業に対して。//

④ 市の監理委員会がこの法案を可決した。//

⑤ 対象となるのは、従業員20人以上の企業だ。//

⑥ サンフランシスコ市は、給与を全額支給する12週間の休暇をすでに付与している/

⑦ 3万人の市職員に。//

英語の音声変化に慣れよう

› 破裂が聞こえない破裂音 no-audible-release plosives

① He checks his blood pressure regularly.
（彼は定期的に血圧を測っている）

② I didn't get much sleep on the plane.
（飛行機の中であまりよく眠れなかった）

音声変化を意識しながらナチュラルスピードで聴いてみよう 085

Well, San Francisco will become the first US city to require six weeks of fully paid [破裂なし] parental leave at [破裂なし] many of_its [連結] businesses. The city's board_of [連結] supervisors approve(d) [脱落] the law. It [破裂なし] targets companies with 20 or more employees. San Francisco already offers 12 weeks of fully paid leave for its 30,000 [thirty thousan(d) [脱落]] city employees.

[ディクテーション]

News 23
Gender Pay Gap in the UK

089 ナチュラル音声 | イギリス英語　090 ゆっくり音声（ポーズなし）　143 ナチュラル音声（2回目）

The BBC's just revealed the salaries of its biggest stars, and Chris Evans tops the list. The radio DJ [and] former *Top Gear* host made about $2.8 million over the last year and a half. That's four times as much as the highest-earning female celebrity at the BBC. The numbers have set off a real controversy over the gender pay gap here in the UK.

（65 words | Aired on July 19, 2017）

語注

gender pay gap: 男女賃金格差
reveal: ～を明らかにする
top the list: 首位に立つ
former: 前の、かつての
***Top Gear*:** トップギア ☞BBCで放送されている自動車番組。
make: （金を）稼ぐ
highest-earning: 最も稼いでいる
female: 女性の
celebrity: 著名人
set off: ～を引き起こす
controversy: 論争

BBCの出演報酬でも「男女格差」が明らかに

「ナチュラル音声」（または「ゆっくり音声」）を聴いて、ディクテーションをしてみましょう。
聞き逃した箇所や聞き誤った箇所は、繰り返し聴いて耳を慣らすようにしましょう。

BBCが、同局の最も人気のある出演者たちの報酬を明らかにしたところだ。トップはクリス・エバンズ氏だ。ラジオのDJで「トップギア」の前司会者だった氏は、この1年半で約280万ドルの報酬を得た。BBCで最も出演料が高い女性著名人の4倍の額である。これらの数字は、ここ英国の男女賃金格差をめぐる激しい論争を巻き起こしている。

Part 4

ニュースの背景

2017年7月、BBCが年次報告の発表に伴い、報酬額が年間15万ポンド（約2100万円）以上の出演者名を公表。15万ポンド以上を得た人の3分の2以上が男性だということが明らかになった。これに対し、女性司会者たちが、格差是正を求める公開書簡をBBC会長に提出した。男性トップ層は報酬がカットされたが、翌2018年に発表された年間報酬額15万ポンド以上の出演者のリストでも、トップ12人はすべて男性だった。この年の男性の最高額は175万～176万ポンド（約2.4億円）で、女性の最高額は37万～37.9万ポンド（約5100万円）と、まだ大きな格差が残っている。

［ディクテーション］

Gender Pay Gap in the UK

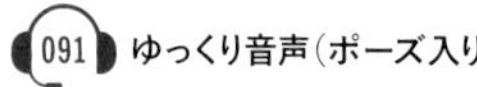

慣れないうちは、「ゆっくり音声（ポーズ入り）」を使ってディクテーションをしてみましょう。

① The BBC's just revealed the salaries of its biggest stars,/

② and Chris Evans tops the list.//

③ The radio DJ and former *Top Gear* host made about $2.8 million/

④ over the last year and a half.//

⑤ That's four times as much as the highest-earning female celebrity at the BBC.//

⑥ The numbers have set off a real controversy/

⑦ over the gender pay gap here in the UK.//

› 連結 linking

英語の音声変化に慣れよう

① Her blog‿is‿a great source‿of‿information.
（彼女のブログは情報の宝庫だ）

② That supermarket stays‿open‿until midnight.
（あのスーパーは夜の12時までやっている）

› 脱落 deletion

英語の音声変化に慣れよう

① It was the country's wors**(t)** disaster in over a century.
（それは、この100年余りの間にその国で起きた災害の中で最悪だった）

② For dessert, we had tinn**(ed)** peaches and ice cream.
（デザートに、缶詰の桃とアイスクリームを食べた）

BBCの出演報酬でも「男女格差」が明らかに

ディクテーションを行った後、シャドーイングなど英語を声に出す練習をしてから、日本語訳を元の英語に変換する「反訳」をやってみましょう。発信力が鍛えられます。ニュースの内容を十分理解した上で行うのがポイントです。

① BBCが、同局の最も人気のある出演者たちの報酬を明らかにしたところだ/

② そして、クリス・エバンズ氏がトップだ。//

③ このラジオのDJで「トップギア」の前司会者は、約280万ドルの報酬を得た/

④ この1年半で。//

⑤ それはBBCで最も出演料が高い女性著名人の4倍の額である。//

⑥ これらの数字は激しい論争を巻き起こしている/

⑦ ここ英国の男女賃金格差をめぐって。//

破裂が聞こえない破裂音 no-audible-release plosives

英語の音声変化に慣れよう

① That temple is famous for its rock garden.
（あの寺は石庭で有名だ）

② Do you sell lip balm?
（こちらでリップクリームは売っていますか）

音声変化を意識しながらナチュラルスピードで聴いてみよう 

The BBC's jus(t) [脱落] revealed [破裂なし] the salaries of its [連結] bigges(t) [脱落] stars, and [連結] Chris Evans [連結] tops the lis(t) [脱落]. The radio DJ [and] former *Top* [破裂なし] *Gear* hos(t) [脱落] made about [連結] [破裂なし] $2.8 million [two point [破裂なし] eight [破裂なし] million dollars] over [連結] the las(t) [脱落] year and* a [連結] half. That's four times as [連結] much as the highest-earning female celebrity at [破裂なし] the BBC. The numbers have set off [連結] a [連結] real controversy over the gender pay gap here in the UK.

＊andの[d]が発音されていないため、[n]とaが連結している。

News 24

Longest Sea-Crossing Bridge

093 ナチュラル音声 | オーストラリア英語　094 ゆっくり音声(ポーズなし)　144 ナチュラル音声(2回目)

Nine years and $20 billion—that is what it took to build the world's longest sea-crossing bridge. It links the semi-independent territories of Macau and Hong Kong to mainland China. Supporters say it will boost tourism and shave hours off commutes, but some critics fear China will use the bridge to tighten its control of Hong Kong.

(57 words | Aired on October 23, 2018)

語注

sea-crossing bridge: 海上橋
it takes...to do: ～するのに…(時間・費用など)を必要とする
link A to B: AをBとつなぐ
semi-independent: 半自治の
mainland: 本土の
boost: ～を促進する
shave A off B: BからA(時間など)を削る
commute: 通勤、通勤時間
critic: 批判者
tighten one's control of: ～の統制を強化する

香港～中国本土を結ぶ 世界最長の海上橋が開通

「ナチュラル音声」(または「ゆっくり音声」)を聴いて、ディクテーションをしてみましょう。
聞き逃した箇所や聞き誤った箇所は、繰り返し聴いて耳を慣らすようにしましょう。

9年の歳月と200億ドルの費用をかけて、世界最長の海上橋が建設された。その橋は、半自治領(特別行政区)のマカオ・香港と中国本土を結んでいる。支持者たちは、それは観光を促進し、通勤時間を数時間短縮すると述べているが、一部の批判者たちは、中国がその橋を利用して、香港の統制を強化するのではないかと懸念している。

Part 4

ニュースの背景

香港、マカオ、中国本土の珠海(しゅかい)市を結ぶ世界最長の海上橋が、2018年10月に開通した。全長は海底トンネルなどを含めて55kmで、陸路で片道約4時間の香港・珠海市間は約45分、フェリーで約1時間の香港・マカオ間は約30分で移動できるという。

［ディクテーション］

Longest Sea-Crossing Bridge

ゆっくり音声（ポーズ入り）

慣れないうちは、「ゆっくり音声（ポーズ入り）」を使ってディクテーションをしてみましょう。

① Nine years and $20 billion—/

② that is what it took/

③ to build the world's longest sea-crossing bridge.//

④ It links the semi-independent territories of Macau and Hong Kong/

⑤ to mainland China.//

⑥ Supporters say/

⑦ it will boost tourism and shave hours off commutes,/

⑧ but some critics fear/

⑨ China will use the bridge to tighten its control of Hong Kong.//

連結 linking

英語の音声変化に慣れよう

① The NPO was set up to help children in need.
（そのNPOは、貧しい子供たちを助けるために設立された）

② Take that wine out of the freezer before it freezes.
（凍る前にあのワインを冷凍庫から出してね）

脱落 deletion

英語の音声変化に慣れよう

① Why were you at that bar in the firs(t) place?
（そもそも、なんであのバーにいたの？）

② For some reason, he finds it difficult to hol(d) down a job.
（どういうわけか、彼はなかなか一つの仕事を続けられない）

香港～中国本土を結ぶ世界最長の海上橋が開通

ディクテーションを行った後、シャドーイングなど英語を声に出す練習をしてから、日本語訳を元の英語に変換する「反訳」をやってみましょう。発信力が鍛えられます。ニュースの内容を十分理解した上で行うのがポイントです。

① 9年の歳月と200億ドルの費用——/

② それらは必要とされたものだ/

③ 世界最長の海上橋を建設するのに。//

④ それは、半自治領のマカオ・香港を結んでいる/

⑤ 中国本土と。//

⑥ 支持者たちは述べている/

⑦ それは観光を促進し、通勤時間を数時間短縮することになると/

⑧ しかし、一部の批判者たちは懸念している/

⑨ 中国が香港の統制を強化するために、その橋を利用するだろうと。//

Part 4

英語の音声変化に慣れよう

› 破裂が聞こえない破裂音 no-audible-release plosives

① I'm looking for a rag to wipe my windshield with.
（車のフロントガラスを拭くための布きれを探しているの）

② That dog looks a lot like mine.
（あの犬は、私が飼っている犬にそっくりだ）

音声変化を意識しながらナチュラルスピードで聴いてみよう

Nine years and $20 billion—that is (連結) what it (連結) took (破裂なし) to build (破裂なし) the world's longes(t) (脱落) sea-crossing bridge. It (破裂なし) links the semi-independent (破裂なし) territories of (連結) Macau and Hong Kong to mainlan(d) (脱落) China. Supporters say it will boost tourism and shave hours off (連結) commutes, but (破裂なし) some critics fear China will use the bridge to tighten its control of Hong Kong.

›「空所補充問題」形式のディクテーションに挑戦！

ニュースを聴いて、英文中の空欄を埋めてください。空欄の中に入る語は1語とは限りません。全文スクリプトはp.100をご覧ください。

ディクテーション問題 News 19　073　074

Most people (________________)① the five daily servings of fruits and vegetables (________________)② many doctors, and now, (________________)③ experts are (________________)④ even higher: 10 portions. Researchers at Imperial College London say that's the magic number to give you the (________________)⑤ from early death.

解答　①struggle to eat　②recommended by　③nutritional　④raising the bar
⑤best protection

›「空所補充問題」形式のディクテーションに挑戦！

ニュースを聴いて、英文中の空欄を埋めてください。空欄の中に入る語は1語とは限りません。全文スクリプトはp.104をご覧ください。

ディクテーション問題 News 20　077　078

Facebook is tapping into a brand-new market. It's targeting 6- to 12-year-olds (____________)① called Messenger Kids. Young users can (________)② their friends, make video calls and send age-appropriate (____)③ . Now, parents must (______)④ child's account and (______)⑤ who they can communicate with. Now, Facebook's main site remains (_______)⑥ to children under the age of 13.

解答　①with a new app　②chat with　③gifts　④set up a　⑤approve
⑥off limits

›「空所補充問題」形式のディクテーションに挑戦！

ニュースを聴いて、英文中の空欄を埋めてください。空欄の中に入る語は1語とは限りません。全文スクリプトはp.108をご覧ください。

ディクテーション問題 News 21 081 082

Now, a once-controversial piece of art has now been (_____)① for the highest (_______________)② in Sotheby's history. The nude painting, by Italian artist Amedeo Modigliani, was auctioned off for a whopping $ (______)③ million on Monday. Now, the artwork was (_________)④ in a 1917 (______________)⑤ in Paris but was later deemed (_________)⑥ by French police.

解答 ①sold ②auction price ③157 ④featured ⑤exhibition ⑥obscene

›「空所補充問題」形式のディクテーションに挑戦！

ニュースを聴いて、英文中の空欄を埋めてください。空欄の中に入る語は1語とは限りません。②には同じ単語が入ります。全文スクリプトはp.112をご覧ください。

ディクテーション問題 News 22 085 086

Well, San Francisco will become the first US city to (________)① six weeks of (__________)② parental leave at many of its businesses. The city's (________)③ supervisors (_________)④ the law. (__________)⑤ companies with 20 or more employees. San Francisco (______________)⑥ 12 weeks of (__________)② leave for its 30,000 city employees.

解答 ①require ②fully paid ③board of ④approved ⑤It targets ⑥already offers

›「空所補充問題」形式のディクテーションに挑戦!

ニュースを聴いて、英文中の空欄を埋めてください。空欄の中に入る語は1語とは限りません。全文スクリプトはp.116をご覧ください。

ディクテーション問題 News 23 089 090

The BBC's just (__________)① the salaries of its biggest stars, and Chris Evans (________________)② . The radio DJ [and] former *Top Gear* host (______________)③ $2.8 million over the last year and a half. That's four times as much as the (________________)④ female celebrity at the BBC. The numbers have set off a (________________)⑤ over the (________________)⑥ here in the UK.

解答 ①revealed ②tops the list ③made about ④highest-earning ⑤real controversy ⑥gender pay gap

›「空所補充問題」形式のディクテーションに挑戦！

ニュースを聴いて、英文中の空欄を埋めてください。空欄の中に入る語は1語とは限りません。全文スクリプトはp.120をご覧ください。

ディクテーション問題 News 24

093 094

Nine years and $ (__________)① —that is what it took to build the world's longest (__________)② bridge. It links the (______________)③ territories of Macau and Hong Kong to mainland China. Supporters say it will (______)④ tourism and shave hours off commutes, but some critics (_____)⑤ China will use the bridge to (________)⑥ its control of Hong Kong.

解答　①20 billion　②sea-crossing　③semi-independent　④boost　⑤fear　⑥tighten

Part 5

リテンションとリプロダクション

リテンションとリプロダクションについて

リテンションとは、基本的には自分が聴いた、あるいは読み取ったメッセージの内容を把握し、それを頭の中で保持する（retain）能力のことです*。リスニングの際、聞き取る英文が長くなると、正確に覚え続けるのが難しくなってきます。しかし、聴いた内容を保持するリテンション力を鍛えることができれば、記憶できる量は確実に増えていきます。そこでPart 5では、リテンション力の向上に効果があるとして利用されている「リプロダクション」の練習方法を紹介します。

＊通訳訓練法では、聴いた英文の一部などを、メモを取らずに一時的に記憶しておき、それをそのまま口頭で繰り返す練習方法のことをリテンションと呼ぶこともあります。

リプロダクションとは

リプロダクションとは、聞き取った英語をできるだけ正確に口頭で再現していく（reproduce）ことです。メモは一切取らずに、記憶だけを頼りに行います。シャドーイングとは異なり、英語を口にするまでの時間が「瞬時」ではなく、かなりまとまった量の英語を聴いた後になります。TOEIC® テストのリスニングセクションでも、長い英文を聴き、その内容を問う問題が出題されますが、メモを取ることは禁止されているため、ハイスコアを得るためには記憶力が欠かせません。そのため試験対策として、リプロダクションに関心を持つ人が増えてきました。ちなみにリプロダクションは、通訳者養成の基礎訓練としても利用されています。通訳者はスピーカーの話を聞き取り、内容を理解し、それを一時的に記憶しておかなければならないため、この練習は大いに役立ちます。

田中深雪（青山学院大学文学部英米文学科教授）

Retention and Reproduction

練習の進め方

まず教材として、自分がおおむね聞き取れる速さで録音された英文音声と、そのスクリプトを用意してください。初めは1～2文程度の長さの音声を聴き、すぐに音声を止めて、聞き取った英文をそのまま声に出して繰り返していきます。その際、メモは取らずに記憶だけを頼りに、できるだけ忠実に再現するようにしてください。1～2文程度の英文を完全に再現できるようになったら、徐々に聞き取る分量を増やしていきましょう。通訳訓練では、英文を「数分間」聴いて再生するという、かなり厳しい練習を行うこともあります。

›フィードバック

個人で練習する場合は、ご自分の声を録音し、どのくらい正確に再現できたのかスクリプトと照らし合わせてください。自分の弱点がどこにあるのか、次のような点を念入りにチェックしましょう。

- **一言も声を発せられなかった箇所はないか**
- **明らかに言い間違えた箇所はないか（数字や固有名詞など）**
- **言いよどんでいた箇所はないか**

リプロダクションのメリット

リプロダクション練習の第一のメリットは、記憶力強化に役立つ点です。英文を再現できるようになるまで、繰り返し練習を重ねることによって、記憶できる量を着実に増やすことが可能です。

第二のメリットは、リスニングの際の集中力を高められる点です。記憶しようとして英文を聴く場合と、なんとなく聴いている場合とでは、集中力に大きな違いがあります。リプロダクションの練習は、一言も聞き漏らすことがないように耳を傾ける必要があるため、丁寧に集中して聴く習慣が身についてきます。

第三のメリットは、英文の論旨を把握する力を強化できる点です。短い文ならば、たとえ内容を理解できていなくても、オウムのように口まねで再現できるかもしれません。しかし、英文量が増えてくると、再現するのが難しくなってきます。聴いた内容を覚えておくには、話の論旨をしっかりと把握する必要があります。記憶に残りやすくなるからです。リプロダクション練習を通して、論旨をつかみながら聞き取る姿勢をぜひ身につけてください。

第四のメリットは、英語の表現の幅を広げることができる点です。聞き取った英文を一時的に記憶し、口頭で再現する作業を継続して行うことによって、英語の構文、よく使われるフレーズや言い回しなど、多くの表現を学ぶことができます。なお、声に出して再生する際、シャドーイング練習と同じように、発音やイントネーション、アクセントなどにも注意を払うことにより、英語の音に関する感覚を養うこともできます。

❯リプロダクションのメリット

- 記憶力を強化できる
- リスニングの際の集中力が高まる
- 英文の論旨を把握する力が身につく
- 英語の表現力の幅が広がる

練習の際の注意点

初心者の方で、英語でのリプロダクションが難しい場合は、日本語（母語）の音声教材を使って練習することをお勧めします。日本語であれば、聴いた内容をほぼ完全に理解できるため、記憶することに集中しやすくなり、口頭での再現も容易になります。一通り練習方法をマスターしたら、英語でのリプロダクションに移行してください。内容がわからないと練習できませんので、最初はほとんど聞き取れるものから始めるようにしましょう。あらかじめ語彙をスクリプトで確認しても構いません。

上級者の方は、ある程度まとまった分量（2～3分程度）の英語のスピーチなどを聞き取り、話の構成と各部の要点を頭の中でまとめ、細部まで再現する練習を併せて行うと効果的です。

さて、記憶力が弱く、覚えるのが苦手な方にとって、リプロダクションは決して容易な練習方法ではありません。特に、初めから大量に覚えようとすると、どうしても記憶への負荷が大きくなってしまいます。初めは少しずつで構いませんので、記憶できる範囲を徐々に広げていくことを目指してください。また、1週間に一度だけ、まとめて長時間練習するよりも、毎日10～15分程度でも継続して練習した方が効果的だと考えられています。日常の暮らしの中で、耳に入ってきた英語や目に入った文章を即、口頭で再現するなど、生活のあらゆる場面で意識的に記憶する習慣を身につけるのも一案です。

私もリプロダクションは苦手でした。通訳志望者には記憶力が抜群の人も多く、本当にうらやましかったものです。しかし、聴いたことを忘れてしまうようでは、いつまでたっても通訳はできないので、ひたすら練習を続けました。そのうち、ただ単に頭に詰め込むのではなく、「状況や情景を思い描く」「内容を整理する」「既知の情報と照合する」などの対応策を考えてリプロダクションをするようになり、次第に苦手意識は和らいでいきました。

リテンション力は一朝一夕で身につくものではありません。練習の積み重ねが大切だということを忘れずに、どうか諦めずにチャレンジを続けてください。きっと良い結果が待っていることと思います。

News 25

Alcohol Sales on the Wane

097 ナチュラル音声 | アメリカ英語　098 ゆっくり音声(ポーズなし)　145 ナチュラル音声(2回目)

Market-research firm Euromonitor has found that global sales of alcohol are falling for the first time in 15 years. It's a trend particularly notable in slowing emerging economies. And it seems what we are drinking is changing as well. In America, a nation typically associated with beer and bourbon, it seems millennials are fast developing a taste for wine.

(59 words | Aired on May 17, 2016)

語注

sales: 売上高
(be) on the wane: 減少傾向である
firm: 会社
particularly: 特に、とりわけ
notable: 目立った、顕著な
emerging economy: 新興経済国
typically: 通常、一般に
(be) associated with: ～を連想させる
millennials: ミレニアル世代 ☞1980年代前半～2000年代前半生まれの世代。
fast: 急速に
develop a taste for: ～を好むようになる

世界のアルコール飲料の売り上げに異変

「ナチュラル音声」(または「ゆっくり音声」)を聴いて、できるだけ正確にリプロダクションをしてみましょう。
最初は1文程度の長さで音声を止めて行い、徐々に聞き取る分量を増やしてやってみましょう。

市場調査会社ユーロモニターの調査結果によると、アルコール飲料の世界売上高が、この15年間で初めて減少しているという。これは、景気が低迷している新興経済国で特に顕著な傾向である。そして、私たちが飲んでいるお酒の種類も変わりつつあるように思われる。一般にビールとバーボンというイメージのアメリカでは、ミレニアル世代が急速にワインを好むようになってきているようだ。

ニュースの背景

ユーロモニター社は、2001年からアルコール飲料の世界売上高を調査している。中国やブラジルなどでの消費低迷が原因で、2015年は世界売上高が落ち込んだ。最も消費量が減少した酒類はラムとウオツカ、人気が上昇したのは、イングリッシュ・ジン、アイリッシュ・ウイスキー、日本のウイスキー、黒ビールだったという。

Alcohol Sales on the Wane

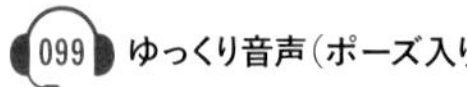
ゆっくり音声（ポーズ入り）

慣れないうちは、「ゆっくり音声（ポーズ入り）」を使ってリプロダクションをしてみましょう。

① Market-research firm Euromonitor has found that/
② global sales of alcohol are falling/
③ for the first time in 15 years.//
④ It's a trend particularly notable in slowing emerging economies.//
⑤ And it seems what we are drinking is changing as well.//
⑥ In America, a nation typically associated with beer and bourbon,/
⑦ it seems millennials are fast developing a taste for wine.//

連結 linking

英語の音声変化に慣れよう

① She'll be home in about 10 minutes.
（彼女は10分ほどで家に戻る）

② He won a million dollars in the lottery.
（彼は宝くじで100万ドル当てた）

脱落 deletion

英語の音声変化に慣れよう

① I don't like to len(d) people money.
（人にお金を貸すのは好きじゃない）

② Today's special is roas(t) beef and vegetables.
（本日のおすすめ料理は、ローストビーフと野菜の付け合わせです）

世界のアルコール飲料の売り上げに異変

リプロダクションを行った後、日本語訳を元の英語に変換する「反訳」をやってみましょう。発信力が鍛えられます。
語注や日本語訳を参考に、ニュースの内容を十分理解した上で行うのがポイントです。

① 市場調査会社ユーロモニターは（調査で）わかった/

② アルコール飲料の世界売上高が減少していると/

③ この15年間で初めて。//

④ これは、景気が低迷している新興経済国で特に顕著な傾向である。//

⑤ そして、私たちが飲んでいるお酒も変わりつつあるようだ。//

⑥ 一般にビールとバーボンが連想される国、アメリカでは/

⑦ ミレニアル世代が急速にワインを好むようになってきているようだ。//

英語の音声変化に慣れよう

破裂が聞こえない破裂音 no-audible-release plosives

① It looks like it might rain.
（雨が降りそうだ）

② My iPhone got wet and now won't work.
（iPhoneがぬれてしまい、正常に機能しなくなった）

音声変化を意識しながらナチュラルスピードで聴いてみよう 097

Market-research firm Euromonitor has foun(d) that global sales of alcohol are falling for the firs(t) time in 15 years. It's a tren(d) particularly notable in slowing emerging economies. And* it seems what we are drinking is changing as well. In America, a nation typically associated with beer and bourbon, it seems millennials are fas(t) developing a taste for wine.

（Market-research：破裂なし／foun(d)：脱落／that：破裂なし／sales of：連結／time in：連結／It's a：連結／tren(d)：脱落／notable in：連結／And* it：連結／it：破裂なし／what：破裂なし／In America：連結／it：破裂なし／fas(t)：脱落）

＊Andの[d]が発音されておらず、Andの[n]とitが連結している。

Part 5

News 26

Asylum Seekers Choose Canada

101 ナチュラル音声 | アメリカ英語　102 ゆっくり音声（ポーズなし）　146 ナチュラル音声（2回目）

Authorities in Canada are scrambling to deal with an unprecedented surge of asylum seekers all fleeing the US and crossing the border. Many immigrants say they're moved by fear and unease over the Trump administration's attitude toward immigrants.

（38 words | Aired on August 24, 2017）

語注

asylum seeker: 亡命希望者
authorities: 当局
scramble to do: 急いで〜しようとする
deal with: 〜に対処する、（問題などを）解決する
unprecedented: 前例のない、空前の
surge: 急増
flee: 〜から逃げる
cross a border: 国境を越える
immigrant: 移民
move: 〜を駆り立てる、促す
unease: 不安
administration: 政権
attitude toward: 〜への態度、姿勢

トランプの米国から亡命希望者がカナダに殺到

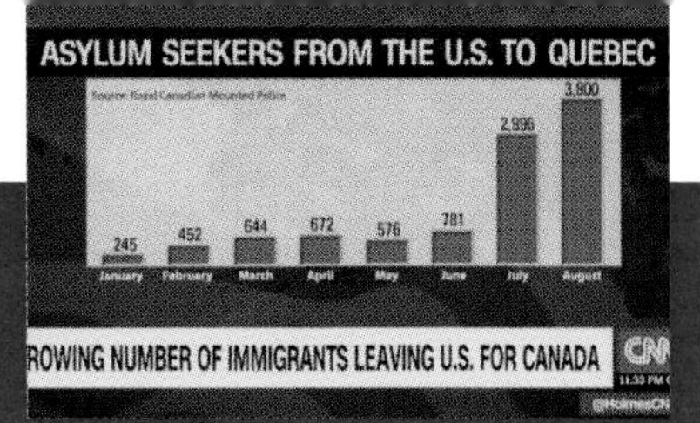

「ナチュラル音声」(または「ゆっくり音声」)を聴いて、できるだけ正確にリプロダクションをしてみましょう。
最初は1文程度の長さで音声を止めて行い、徐々に聞き取る分量を増やしてやってみましょう。

カナダ当局は、かつてないほど亡命希望者が急増している状況に大急ぎで対処しようとしている。彼らは皆、米国から逃げ出し、国境を越えてきた人たちだ。多くの移民によれば、彼らはトランプ政権の移民に対する姿勢への恐怖と不安に駆り立てられている、ということだ。

Part 5

ニュースの背景

2017年は、米国からカナダに越境する亡命希望者が、かつてないほど増加した。カナダ連邦警察によると、米国からケベック州への不法流入者が、2017年6月の781人から7月は2996人、8月は第2週目までで3800人に急増したという。そのうち約80～85%がハイチ出身者だった。トランプ政権が、母国で災害が起きた外国人の滞在を認める一時保護資格制度の廃止を示唆したためだ。ケベック州は一時的な受け入れ施設として、五輪スタジアムも開放した。

Asylum Seekers Choose Canada

103 ゆっくり音声（ポーズ入り）

慣れないうちは、「ゆっくり音声（ポーズ入り）」を使ってリプロダクションをしてみましょう。

① Authorities in Canada/

② are scrambling to deal with an unprecedented surge of asylum seekers/

③ all fleeing the US and crossing the border.//

④ Many immigrants say/

⑤ they're moved by fear and unease/

⑥ over the Trump administration's attitude toward immigrants.//

›連結 linking

英語の音声変化に慣れよう

① He won first prize in a speech contest.
（彼はスピーチコンテストで1位になった）

② There's only about a hundred dollars in that account.
（あの口座には100ドルくらいしかない）

›脱落 deletion

英語の音声変化に慣れよう

① I'm free all nex(t) week excep(t) Monday.
（来週は月曜日以外ならいつでも空いています）

② You got a call from someone name(d) Bolton.
（ボルトンさんという方からお電話がありました）

トランプの米国から亡命希望者がカナダに殺到

リプロダクションを行った後、日本語訳を元の英語に変換する「反訳」をやってみましょう。発信力が鍛えられます。
語注や日本語訳を参考に、ニュースの内容を十分理解した上で行うのがポイントです。

① カナダ当局は/

② かつてないほど亡命希望者が急増している状況に大急ぎで対処しようとしている/

③ 皆、米国から逃げ出し、国境を越えてきた人たちだ。//

④ 多くの移民は述べている/

⑤ 恐怖と不安に駆り立てられていると/

⑥ トランプ政権の移民に対する姿勢への。//

Part 5

英語の音声変化に慣れよう

› 破裂が聞こえない破裂音 no-audible-release plosives

① They have agreed to extend the contract.
（彼らは契約の延長に合意した）

② A big truck tipped over on the freeway.
（大きなトラック1台が高速道路で横転した）

音声変化を意識しながらナチュラルスピードで聴いてみよう

Authorities_in (連結) Canada are scrambling to deal with_an (連結) unprecedente**d** (破裂なし) surge_of (連結)_asylum (連結) seekers all fleeing the US and crossing the border. Many immigrants say they're moved by fear and unease_over (連結) the Trump_administration's (連結) attitu**de** (破裂なし) toward immigrants.

News 27

McDonald's Cuts Plastics Use

105 ナチュラル音声｜アメリカ英語　106 ゆっくり音声（ポーズなし）　147 ナチュラル音声（2回目）

McDonald's has announced it is replacing plastic straws with paper straws at its restaurants in the UK and Ireland by next year. Now, the company said it made the decision due to growing opposition to single-use plastic in the UK. In April, the British government announced a plan to ban plastic straws and cups as part of its plan to cut waste.

（62 words｜Aired on June 15, 2018）

語注

plastic: ①プラスチック　②プラスチック製の
replace A with B: AをBに置き換える
straw: ストロー
due to: ～のために、～が原因で
opposition to: ～への反対
single-use: 使い捨ての
ban: ～を禁止する
as part of: ～の一環として
waste: 廃棄物

英国のマクドナルドが
プラ製ストロー廃止へ

「ナチュラル音声」(または「ゆっくり音声」)を聴いて、できるだけ正確にリプロダクションをしてみましょう。
最初は1文程度の長さで音声を止めて行い、徐々に聞き取る分量を増やしてやってみましょう。

マクドナルドは、来年までに英国とアイルランドの店舗で、プラスチック製ストローを紙製ストローに切り替えると発表した。同社によれば、この決断をしたのは、英国で使い捨てプラスチック製品への反対の声が高まっているためだという。英国政府は4月に、廃棄物を減らす計画の一環として、プラスチック製のストローやカップを禁止する計画を発表した。

Part 5

ニュースの背景

2018年6月、マクドナルドは、英国とアイルランドのマクドナルド店舗で、同年9月からプラスチック製ストローを紙製ストローに順次切り替えると発表した。プラスチック廃棄物による海洋汚染が深刻化し、英国で使い捨てプラスチック製品への反対の声が高まっているためだ。英国では、すでに他の大手外食チェーンがプラスチック製ストローの使用を中止している。マクドナルドは、他の国でも試験導入し、2025年までに世界中の全店舗で紙製ストローに切り替えることを目指すという。

[リテンションとリプロダクション]

McDonald's Cuts Plastics Use

慣れないうちは、「ゆっくり音声(ポーズ入り)」を使ってリプロダクションをしてみましょう。

① McDonald's has announced/

② it is replacing plastic straws with paper straws/

③ at its restaurants in the UK and Ireland/

④ by next year.//

⑤ Now, the company said it made the decision/

⑥ due to growing opposition to single-use plastic in the UK.//

⑦ In April, the British government announced a plan/

⑧ to ban plastic straws and cups/

⑨ as part of its plan to cut waste.//

連結 linking

英語の音声変化に慣れよう

① One key to success is to have a positive attitude.
(成功の秘けつの一つは、前向きな態度をとることだ)

② Allow me to give a brief explanation of our plans.
(私たちのプランを簡単にご説明します)

脱落 deletion

英語の音声変化に慣れよう

① Do you know any good recipes for smoke(d) salmon?
(スモークサーモンのおいしいレシピを知ってる?)

② This is the secon(d) volume of a three-volume work.
(これは3巻から成る作品の第2巻だ)

英国のマクドナルドがプラ製ストロー廃止へ

リプロダクションを行った後、日本語訳を元の英語に変換する「反訳」をやってみましょう。発信力が鍛えられます。
語注や日本語訳を参考に、ニュースの内容を十分理解した上で行うのがポイントです。

① マクドナルドは発表した/

② プラスチック製ストローを紙製ストローに切り替えると/

③ 同社の英国とアイルランドの店舗で/

④ 来年までに。//

⑤ 同社によれば、この決断をしたのは/

⑥ 英国で使い捨てプラスチック製品への反対の声が高まっているためだ。//

⑦ 4月に、英国政府はある計画を発表した/

⑧ プラスチック製のストローやカップを禁止する(計画を)/

⑨ 廃棄物を減らす計画の一環として。//

英語の音声変化に慣れよう

› 破裂が聞こえない破裂音 no-audible-release plosives

① Can I pay by credit card?
(クレジットカードは使えますか)

② He was arrested for drug trafficking.
(彼は麻薬取引で逮捕された)

音声変化を意識しながらナチュラルスピードで聴いてみよう

McDonald's has announced it is replacing plastic straws with paper straws at its restaurants in the UK and Ireland by next year. Now, the company said it made the decision due to growing opposition to single-use plastic in the UK. In April, the British governmen(t)* announced a plan to ban plastic straws and cups as part of its plan to cut waste.

(has announced: 連結 / it is: 連結 / plastic: 破裂なし / at its: 連結 / said it: 連結 / it: 破裂なし / made: 破裂なし / governmen(t)* announced: 連結 / straws and: 連結 / part of: 連結 / cut: 破裂なし)

* governmentの[t]が脱落しているため、-mentの[n]とannouncedの[ə]が連結している。

Part 5

News 28

Rare Old Disney Film Found

109 ナチュラル音声 | アメリカ英語　110 ゆっくり音声（ポーズなし）　148 ナチュラル音声（2回目）

And a missing Walt Disney cartoon which predates Mickey Mouse turned up in Japan. A short from 1928 features the character Oswald the Lucky Rabbit. A Japanese anime researcher realized that he had a copy of the film when he read a book about it. He contacted Disney to say that he purchased the film when he was in high school 70 years ago.

（64 words | Aired on November 18, 2018）

語注

missing: 紛失した、行方不明の
cartoon: 漫画映画、アニメ
predate: ～より前から存在する
turn up: 〈紛失物などが〉見つかる
short: 《略式》短編映画
feature: ～を主演させる
copy: （複数プリントされたものの）一つ
purchase: ～を購入する

行方不明のディズニー作品、日本で発見！

「ナチュラル音声」（または「ゆっくり音声」）を聴いて、できるだけ正確にリプロダクションをしてみましょう。
最初は１文程度の長さで音声を止めて行い、徐々に聞き取る分量を増やしてやってみましょう。

ミッキーマウスの誕生以前に作られ、行方不明になっていたウォルト・ディズニーのアニメが日本で見つかった。1928年に制作された短編映画の主人公は、「オズワルド・ザ・ラッキー・ラビット」である。日本のアニメ史研究家が、その映画についての本を読んだときに、そのプリントを所有していることに気づいた。彼はディズニーに連絡し、70年前、高校生のときにその映画を購入したと伝えた。

ニュースの背景

「オズワルド」シリーズは27本制作されたが、そのうち7本が行方不明になっていた。アニメ史研究家の渡辺泰さんが持っていたのは、約5分の『Neck 'n' Neck』という短編が家庭映写機用に2分に短縮され、16ミリフィルムで市販されていたものだったという。渡辺さんは日本のアニメーション研究をけん引してきた功労者として知られるが、2020年4月に86歳で死去された。

Rare Old Disney Film Found

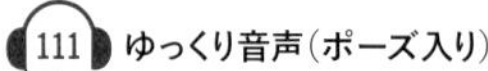

慣れないうちは、「ゆっくり音声（ポーズ入り）」を使ってリプロダクションをしてみましょう。

① And a missing Walt Disney cartoon/

② which predates Mickey Mouse/

③ turned up in Japan.//

④ A short from 1928 features the character Oswald the Lucky Rabbit.//

⑤ A Japanese anime researcher realized/

⑥ that he had a copy of the film/

⑦ when he read a book about it.//

⑧ He contacted Disney/

⑨ to say that he purchased the film/

⑩ when he was in high school/

⑪ 70 years ago.//

連結 linking

英語の音声変化に慣れよう

① I don't think it's such a good idea.
（それは、あまり良い考えだとは思わない）

② Let the engine warm up a bit first.
（最初にエンジンを少し温めて）

脱落 deletion

英語の音声変化に慣れよう

① The antidoping committee stripp(ed) them of their medals.
（そのアンチドーピング委員会は、彼らからメダルを剥奪した）

② Travelers are advise(d) not to drink tap water in that region.
（旅行者は、その地域の水道水は飲まないようにしましょう）

行方不明のディズニー作品、日本で発見!

リプロダクションを行った後、日本語訳を元の英語に変換する「反訳」をやってみましょう。発信力が鍛えられます。
語注や日本語訳を参考に、ニュースの内容を十分理解した上で行うのがポイントです。

① そして、行方不明になっていたウォルト・ディズニーのアニメが/

② それはミッキーマウスより前のものだが/

③ 日本で見つかった。//

④ 1928年に制作された短編映画は、「オズワルド・ザ・ラッキー・ラビット」が主人公である。//

⑤ 日本のアニメ研究家が気づいた/

⑥ その映画のプリントを所有していることに/

⑦ それについての本を読んだときに。//

⑧ 彼はディズニーに連絡した/

⑨ その映画を購入したと言うために/

⑩ 彼が高校生のときに/

⑪ 70年前。//

音声変化を意識しながらナチュラルスピードで聴いてみよう 109

And a missing Walt Disney cartoon which predates Mickey Mouse turned up in Japan. A short from 1928 [nineteen twenty-eight] features the character Oswald the Lucky Rabbit. A Japanese anime researcher realize(d) that he had a copy of the film when he* read a book about it. He contacted Disney to say that he purchase(d) the film when he was in high school 70 years ago.

(And_a 連結 / Walt 破裂なし / turned_up 連結 / up_in 連結 / short 破裂なし / eight 破裂なし / Oswald 破裂なし / realize(d) 脱落 / had_a 連結 / when_he 連結 / read_a 連結 / book_about 連結 / about_it 連結 / contacted 破裂なし / purchase(d) 脱落 / was_in 連結 / years_ago 連結)

＊heの[h]が発音されていないため、whenの[n]とheの[i]が連結している。

News 29

Ma Teams Up with Spielberg

113 ナチュラル音声 | オーストラリア英語　114 ゆっくり音声(ポーズなし)　149 ナチュラル音声(2回目)

Well, one of China's richest men is teaming up with Hollywood, Jack Ma and the legendary director Steven Spielberg promising to produce and distribute movies for global audiences. Ma's Alibaba Pictures began investing in US films in 2015 with a stake in the latest *Mission: Impossible* movie.

(47 words | Aired on October 11, 2016)

語注

team up with: ～と提携する
legendary: 名高い、非常に有名な
director: (映画などの)監督
promise to do: ～することを約束する
distribute: ～を配給する
audience: 観客
invest in: ～に投資する
film: 映画
stake: (企業などへの)出資金
latest: 最新の

ハリウッドへの投資を進める中国企業

「ナチュラル音声」(または「ゆっくり音声」)を聴いて、できるだけ正確にリプロダクションをしてみましょう。
最初は1文程度の長さで音声を止めて行い、徐々に聞き取る分量を増やしてやってみましょう。

さて、中国の大富豪の1人がハリウッドと提携しようとしている。ジャック・マー氏と、名高い映画監督のスティーブン・スピルバーグ氏が、世界の観客に向けて(共同で)映画を製作・配給することを約束したのだ。マー氏が率いるアリババ・ピクチャーズは、2015年に「ミッション:インポッシブル」シリーズ最新作への出資によって、米国映画への投資を開始した。

ニュースの背景

ジャック・マー氏(写真左)が創業した中国のネット通販最大手アリババ。その傘下にあるアリババ・ピクチャーズが、スピルバーグ監督の映画製作会社アンブリン・パートナーズの少数株を取得した。2社は映画の共同製作・配給を行うという。今やハリウッドにとって中国は重要な市場であり、中国企業との提携が進むのは確実だ。なお、ジャック・マー氏自身は55歳の誕生日に当たる2019年9月10日にアリババの会長を退任した。

［リテンションとリプロダクション］

Ma Teams Up with Spielberg

115 ゆっくり音声（ポーズ入り）

慣れないうちは、「ゆっくり音声（ポーズ入り）」を使ってリプロダクションをしてみましょう。

① Well, one of China's richest men/

② is teaming up with Hollywood,/

③ Jack Ma and the legendary director Steven Spielberg/

④ promising to produce and distribute movies/

⑤ for global audiences.//

⑥ Ma's Alibaba Pictures began investing in US films in 2015/

⑦ with a stake in the latest *Mission: Impossible* movie.//

連結 linking

英語の音声変化に慣れよう

① He was born in a fishing town on the coast.

（彼は沿岸の漁業の町で生まれた）

② We decided the idea was impractical.

（そのアイデアは実行不可能だと判断した）

脱落 deletion

英語の音声変化に慣れよう

① I lef(t) ten dollars as a tip.

（チップとして10ドルを置いた）

② That store specializes in diamon(d) jewelry.

（あの店はダイヤモンドのアクセサリーを専門に扱っている）

ハリウッドへの投資を進める中国企業

リプロダクションを行った後、日本語訳を元の英語に変換する「反訳」をやってみましょう。発信力が鍛えられます。
語注や日本語訳を参考に、ニュースの内容を十分理解した上で行うのがポイントです。

① さて、中国の大富豪の1人が/

② ハリウッドと提携しようとしている/

③ ジャック・マー氏と、名高い映画監督のスティーブン・スピルバーグ氏が/

④ 映画を製作・配給することを約束したのだ/

⑤ 世界の観客に向けて。//

⑥ マー氏が率いるアリババ・ピクチャーズは、2015年に米国映画への投資を開始した/

⑦「ミッション:インポッシブル」シリーズ最新作への出資によって。//

›破裂が聞こえない破裂音 no-audible-release plosives

英語の音声変化に慣れよう

① We made jam with the leftover persimmons.
（残った柿でジャムを作った）

② Drug-resistant bacteria have become a big problem.
（薬剤耐性菌が大きな問題になっている）

音声変化を意識しながらナチュラルスピードで聴いてみよう

Well, one‿of China's riches(t) men‿is teaming up with Hollywood, Jack Ma*‿and the legendary director Steven Spielberg promising to produce and distribute movies for global‿audiences. Ma's Alibaba Pictures began‿investing in US films‿in 2015, with‿a stake in the lates(t) *Mission:‿Impossible* movie.

(one‿of: 連結 / riches(t): 脱落 / men‿is: 連結 / up: 破裂なし / Hollywood: 破裂なし / Jack: 破裂なし / Ma‿and: 連結 / Spielberg: 破裂なし / distribute: 破裂なし / global‿audiences: 連結 / began‿investing: 連結 / films‿in: 連結 / with‿a: 連結 / lates(t): 脱落 / Mission:‿Impossible: 連結)

＊Maのあとに[r]の音が割り込んで、Mar andのように連結している。

Part 5

News 30

Apple to Pay Huge Tax Bill

117 ナチュラル音声｜オーストラリア英語　118 ゆっくり音声(ポーズなし)　150 ナチュラル音声(2回目)

Apple is set to give the US economy a big boost. The company says it will pay a whopping $38 billion in taxes on cash it'd been keeping overseas. It also pledged to create 20,000 US jobs over the next five years. President Trump says his tax cuts are the reason. He calls them a "huge win for American workers."

(60 words | Aired on January 18, 2018)

語注

pay a tax bill: 税金を払う
huge: 非常に大きな
be set to do: ～する見通しである
give...a big boost: …を大いに活気づける
whopping: とてつもなく大きい
billion: 10億
tax on: ～への税金
cash: 現金
overseas: 海外に
pledge to do: ～することを誓う、約束する
tax cut: 減税
call A B: AをBと見なす、言う
win: 勝利

海外資金還流でアップルが4兆円超を納税

「ナチュラル音声」（または「ゆっくり音声」）を聴いて、できるだけ正確にリプロダクションをしてみましょう。最初は1文程度の長さで音声を止めて行い、徐々に聞き取る分量を増やしてやってみましょう。

アップルが米経済を大いに活気づけそうだ。同社によれば、海外に保有していた資金に対して、なんと380億ドル（約4兆1000億円）もの税金を支払うという。同社はまた、今後5年間で2万人の雇用を米国内で創出すると約束した。トランプ大統領は、自身の減税策のおかげだと語っている。彼は減税策を「アメリカの労働者にとって非常に大きな勝利」だとしている。

Part 5

ニュースの背景

2017年12月に成立した米税制改革法で、米国企業が海外利益を本国に還流する際に課税されるrepatriation tax（配当金還流税）の税率が、従来の35％から半分以下の15.5％に大幅減となった。アップルはこれを受けて、海外留保資金を米国に還流するのに伴い、約380億ドルの税金を支払うと発表した。

Apple to Pay Huge Tax Bill

119 ゆっくり音声（ポーズ入り）

慣れないうちは、「ゆっくり音声（ポーズ入り）」を使ってリプロダクションをしてみましょう。

① Apple is set to give the US economy a big boost.//

② The company says/

③ it will pay a whopping $38 billion in taxes/

④ on cash it'd been keeping overseas.//

⑤ It also pledged to create 20,000 US jobs/

⑥ over the next five years.//

⑦ President Trump says/

⑧ his tax cuts are the reason.//

⑨ He calls them a "huge win for American workers."//

連結 linking

英語の音声変化に慣れよう

① It started to rain just as I left the office.
（ちょうどオフィスを出たときに雨が降りだした）

② She's the leader of the main opposition party.
（彼女は最大野党の党首だ）

脱落 deletion

英語の音声変化に慣れよう

① I slep(t) deeply for the firs(t) time in weeks.
（数週間ぶりに、ぐっすり眠れた）

② The two companies join(ed) forces for an R&D project.
（2社は研究開発プロジェクトで提携した）

海外資金還流でアップルが4兆円超を納税

リプロダクションを行った後、日本語訳を元の英語に変換する「反訳」をやってみましょう。発信力が鍛えられます。
語注や日本語訳を参考に、ニュースの内容を十分理解した上で行うのがポイントです。

① アップルが米経済を大いに活気づける見通しだ。//

② 同社は述べている/

③ なんと380億ドルもの税金を支払うと/

④ 海外に保有していた資金に対して。//

⑤ 同社はまた、2万人の雇用を米国内で創出すると約束した/

⑥ 今後5年間で。//

⑦ トランプ大統領は語っている/

⑧ 自身の減税策のおかげだと。//

⑨ 彼はそれら（減税策）を「アメリカの労働者にとって非常に大きな勝利」だとしている。

破裂が聞こえない破裂音 no-audible-release plosives　英語の音声変化に慣れよう

① We spoke quietly so as not to wake the children.
（子供たちを起こさないように、私たちは静かに話した）

② All I can do now is hope for the best.
（いま私にできるのは、うまくいくように願うことだけだ）

音声変化を意識しながらナチュラルスピードで聴いてみよう

Apple is set [破裂なし] to give the US‿economy [連結] a big [破裂なし] boost. The company says it [破裂なし] will pay a whopping $38 [thirty-eight] [破裂なし] billion in taxes on cash it'd [破裂なし] been keeping overseas. It‿also [連結] pledge(d) [脱落] to create 20,000 [twenty thousan(d)] [脱落] US jobs over the nex(t) [脱落] five years. President [破裂なし] Trump says his tax cuts are the reason. He calls them‿a [連結] "huge win for American workers."

音声データ・電子書籍版（PDF）の入手方法

下記URLから（検索せずに、アドレスバーにURLを直接入力）、
またはQRコードを読み取って、ダウンロードの申請をしてください。

https://www.asahipress.com/cet/2020plt

【注意】本書初版第1刷の刊行日（2020年7月10日）より3年を経過した後は、告知なしに上記申請サイトを削除したりデータの配布をとりやめたりする場合があります。あらかじめご了承ください。

学習法解説・執筆者

田中深雪 Miyuki Tanaka

九州大学文学部英語学・英文学科卒業、コロンビア大学大学院修士課程（応用言語学・TESOL）修了。
現在、青山学院大学文学部英米文学科教授。著書に『英語リスニングの「基礎トレ」』（講談社）など。

［音声＆電子書籍版ダウンロード付き］

最強のリスニング学習法

Professional Listening Techniques

2020年7月10日　初版第1刷発行

編集 ……『CNN English Express』編集部
表紙デザイン・DTP …… 大串幸子
表紙画像 …… Cable News Network, Inc.
音声録音・編集 …… ELEC（一般財団法人 英語教育協議会）

発行者 …… 原 雅久
発行所 …… 株式会社 朝日出版社
〒101-0065
東京都千代田区西神田3-3-5
TEL 03-3263-3321
FAX 03-5226-9599
https://www.asahipress.com

印刷・製本 …… 凸版印刷株式会社

ISBN978-4-255-01190-5 C0082